河南省软科学研究计划项目（242400410057）
河南省哲学社会科学规划青年项目（2023CJJ122）
河南省高等学校重点科研项目（24A790004）

经济管理学术文库·经济类

中国生产性服务业开放对
制造业出口产品升级的影响研究

Research on the Impact of Opening-up of
China's Producer Services Industry on
Upgrading of Manufacturing Export Products

王　晗／著

经济管理出版社
ECONOMY & MANAGEMENT PUBLISHING HOUSE

图书在版编目（CIP）数据

中国生产性服务业开放对制造业出口产品升级的影响研究 / 王晗著. -- 北京：经济管理出版社，2024.

ISBN 978-7-5096-9781-8

Ⅰ. F752.62

中国国家版本馆 CIP 数据核字第 2024FE5738 号

组稿编辑：张巧梅
责任编辑：张巧梅
责任印制：黄章平
责任校对：蔡晓臻

出版发行：经济管理出版社
　　　　　（北京市海淀区北蜂窝 8 号中雅大厦 A 座 11 层　100038）
网　　址：www. E-mp. com. cn
电　　话：（010）51915602
印　　刷：唐山昊达印刷有限公司
经　　销：新华书店
开　　本：720mm×1000mm/16
印　　张：12.25
字　　数：196 千字
版　　次：2024 年 7 月第 1 版　　2024 年 7 月第 1 次印刷
书　　号：ISBN 978-7-5096-9781-8
定　　价：88.00 元

前　言

改革开放以来，中国制造业出口的总量规模和产品结构持续扩大和优化，迈入世界贸易大国的行列。但是在全球价值链分工体系下，中国制造业普遍处于低端环节，面临着出口产品技术含量不强、国内附加值率不高、出口产品质量较低等诸多的挑战，如何摆脱中国制造业出口的"低端锁定"困境、实现制造业出口产品升级成为迫切需要解决的问题。同时，生产性服务业对经济增长的推动作用日益凸显，使得生产性服务业开放成为中国构建全面开放新格局的重点领域。由于生产性服务业与制造业具有密切的产业联系，生产性服务业开放将会对制造业的要素投入和生产效率产生不容忽视的影响。因此，研究中国生产性服务业开放与制造业出口产品升级之间的关系具有较强的理论与现实意义。

在此背景下，本书首先全面梳理了生产性服务业开放与制造业出口产品升级的相关研究，将制造业出口产品升级划分为以出口技术复杂度为代表的不同产品间的横向升级和以出口国内附加值率、出口产品质量为代表的同一产品内的纵向升级，基于最新的贸易理论假设，分别建立起相应的理论模型框架和影响机制。其次利用工业企业数据库和海关贸易数据库的匹配数据，从微观企业层面实证检验中国生产性服务业开放对制造业出口技术复杂度、出口国内附加值率以及出口产品质量的影响。最后通过分析上述实证结果得出研究结论，并且提出针对性的政策建议。本书的主要结论如下：

第一，生产性服务业开放能够降低制造业出口企业的固定成本和可变成本，提供更多的知识技术等高端服务要素，通过出口成本下降和技术创新推动两大途径来提高中国制造业企业的出口技术复杂度水平。良好的地区制度环境强化了生产性服务业开放对制造业出口技术复杂度的正向提升效应。生产性服务业开放有利于提高一般贸易企业和外资企业的出口技术复杂度，但对加工贸易企业、本土企业的促进作用相对较小。从企业总体规模和行业技术水平来看，生产性服务业开放使得大型企业和高技术企业的出口技术复杂度得到显著提升。

第二，生产性服务业开放加快了服务要素与制造业要素的充分融合，增强中国制造业出口企业的产品定价能力，并且能够打破国内上游市场厂商的垄断，使得国内中间品种类范围得到扩大，借助于成本加成提高和国内中间品价格下降，进而促进制造业企业的出口国内附加值率提升。这一促进作用并没有以企业进出口规模缩减和参与全球化广度深度下降为代价，而是依靠高效整合进口中间品资源、推动贸易方式由加工贸易转向国内附加值更高的一般贸易。较之于劳动密集型和资本密集型企业，技术密集型企业能获得更大的促进效应；中部和西部地区的生产性服务业竞争力不强，制约了生产性服务业开放推动作用的发挥。

第三，生产性服务业开放可以为中国制造业企业提供质优价廉的中间投入，以产业链和供应链的互补联动效应为支撑，将低效率的服务环节进行外包，并且引入外部竞争者和国外供应商，通过提高生产率水平和固定投入效率来提升出口产品质量。以中间品和最终品关税水平下降为代表的贸易自由化进程加快，将会促使生产性服务业开放对制造业出口产品质量的提升效应增强。在生产性服务业开放的推动下，多产品企业、发展型和成熟型企业以及竞争性行业产生出明显的产品质量升级效应，同时出口到发达国家的产品质量也得到了较大程度的提升。

综合而言，无论是基于出口技术复杂度的产品间横向升级，还是基于出口国内附加值率和出口产品质量的产品内纵向升级，中国生产性服务业开放均能产生显著的正向提升效应，表明中国应当积极扩大生产性服务业开放的广度深度，加快培育生产技术领先、产品质量一流、分工地位突出的制造业出口新优势。

目　录

1 绪论

1.1 研究背景与意义

1.1.1 研究背景

20世纪70年代以来，全球主要国家的生产性服务业实现快速增长，成为国民经济的重要组成部分。从发达国家产业总体进程来看，生产性服务业占国内生产总值的比重已经超过50%，如美国生产性服务业占国民经济的比重高达70%，日本57%的国内生产总值是由生产性服务业所贡献的，在经济合作与发展组织国家（OECD）的经济总量中，金融保险和商业服务等生产性服务业占比达到1/3以上。从中国产业发展状况来看，生产性服务业创造出将近60%的服务业增加值，其国内生产总值的占比也由20%上升至35%，凭借着良好的技术进步水平和要素集聚能力，生产性服务业已经超过生活性服务业和第二产业，并发展为中国经济高质量增长的新动能[①]。

---

① 关于生产性服务业的界定分类，国内外学者和统计机构存在一定的差异，本书借鉴 Ke 等（2014）、韩峰和阳立高（2020）的定义标准，并参照国家统计局最新印发的《生产性服务业统计分类（2019）》，将交通运输、仓储和邮政业，金融业，水利环境和公共设施管理业，科学研究和技术服务业，租赁和商业服务业，信息传输、计算机服务和软件业，批发零售业上述7个行业部门归类为生产性服务业。

在改革开放浪潮的推动下，中国的生产性服务业开放开始起步，尤其是 2001 年加入世界贸易组织后，中国对外开放行业范围由以制造业为主扩展到制造业、服务业的全面开放。2020 年，中国生产性服务贸易进出口总额为 4845 亿美元，占到服务贸易进出口总量的 65% 左右。从外资开放的角度来看，无论是外商直接投资还是对外直接投资，生产性服务业均保持着稳步扩大的总体趋势，尽管面临全球经济复苏低迷以及新冠疫情等不利因素影响，我国生产性服务业开放仍然表现出逆势增长的良好态势。中国生产性服务业开放程度居于发展中国家前列水平，但与欧美等发达国家相比，仍然存在不小的发展差距，以经济合作与发展组织公布的外商投资限制指数为例，这一指数取值越大意味着外资开放程度越低，中国生产性服务业的外资限制指数由 1997 年的 0.625 减少至 2020 年的 0.214，总体下降幅度达到 66% 以上，然而依然显著高于同一时期的美国（0.089）、英国（0.041）及法国（0.045），说明生产性服务业外资开放的行业壁垒有待削减。

作为世界上工业体系最为健全的国家，中国已连续 12 年位居全球第一制造业大国，对世界制造业增长的贡献率达到 30% 左右。1978 年，中国制造业出口总额仅为 97.5 亿美元，2020 年扩大至 25900 亿美元，总量增长了将近 260 倍，在世界出口总额中所占比重达到历史最高水平 14.7%。以计算机及通信电子设备制造业、电气机械与交通运输设备制造业为代表的技术密集型行业逐渐成为中国制造业出口的主要构成。总体而言，总量规模扩张和结构持续优化是中国制造业出口的典型特征。但是也要清楚地认识到中国制造业普遍处于全球价值链的低端环节，制造业出口活动中的产品技术含量、国内附加值比重仍然不高，不少制造业企业以牺牲产品质量为代价来换取自身出口规模的扩大。由此可见，在全球价值链分工持续深化的背景下，如何改变中国制造业出口所面临的"低端锁定"困境、有效实现制造业出口产品升级成为当前亟待解决的问题。

随着中国构建全面开放新格局步伐的加快，生产性服务业对外开放的广度和深度将会得到显著提高。生产性服务业是从制造业中分离出来的，主要是服务于制造业的生产需求，两者之间具有天然的产业联系，并且生产性服务贯穿于制造业的整个产业链环节，对于制造业出口产品升级活动而言，生产性服务业开放必然会带来值得重视的影响作用，因此，本书探讨中国生产性服务业开放对制造业出口产品升级的影响具有重要意义。

1.1.2 研究意义

1.1.2.1 理论意义

由于产品内国际分工体系的日益完善，制造业产品的生产过程按照工序环节被拆分到不同的国家与地区，以产品技术含量、国内附加值和产品质量为核心内容的制造业出口产品升级受到广泛关注。出口技术复杂度能够反映出产品生产过程的技术差异特征，使得技术进步成为促进出口升级的基本驱动力，出口国内附加值可以有效地衡量真实贸易利得与价值链分工地位高低，出口产品质量是产品中所蕴含的品质、性能等众多属性的综合表现，既包括有形的产品客观特征，也涵盖了无形的社会主观评价，充分地彰显出口产品国际市场竞争力的强弱，以上因素共同构成了制造业出口产品升级活动的不同维度。作为同一产业链上的上下游环节，生产性服务业的开放能够促进制造业的要素投入成本降低、分工环节深化和生产效率提高，两者之间表现出很强的行业关联效应，形成了相辅相成、共同发展的产业互补关系。因此，本书以生产性服务业开放为出发点，通过利用最新的贸易理论模型分析框架，系统地梳理出相应的影响机制渠道，从微观企业层面全面剖析中国生产性服务业开放对制造业出口产品升级活动中的出口技术复杂度、出口国内附加值和出口产品质量的影响，有利于深化对相关理论研究领域的理解认识。

1.1.2.2 现实意义

一方面，党的十九大报告中明确提出要"拓展对外贸易，培育贸易新业态新模式，推进贸易强国建设"，中国对外贸易发展正在加快从粗放型的数量增长向集约型的质量提升方向转变，廉价的劳动力和自然资源等传统比较优势逐渐丧失，亟须向全球价值链分工体系的中高端环节迈进，同时中国制造业出口贸易活动存在着"大而不强""只赚数字不赚钱"等问题，在贸易总量持续扩大与质量效益稳步提升方面仍然面临着很大的挑战，可见出口产品升级既是贸易强国建设的有力抓手，也是实现制造业出口高质量发展的内涵要义。另一方面，在全球服务业开放浪潮的积极推动下，作为构建全面开放新格局的重点领域，中国生产性服务业开放将会迎来重要的战略机遇期，成为打造以国内大循环为主体，国内国际双循环相互促进新发展格局的突出着力点。由此可知，基于生产性服务业与制造业之间高度融合的发展背景，深入分析中国生产性服务业开放对制造业出口产品升级活动的影响，能够为新发展格局下推动高水平对外开放与制造业出口高质量发展提供充分的现实借鉴意义。

1.2 文献回顾与述评

1.2.1 生产性服务业开放的相关研究

1.2.1.1 生产性服务业的概念内涵

20 世纪 30 年代末期，Fisher（1937）将服务业视为国民经济增长和产业结构变迁中的重要构成，服务被提升到产业层面进行理论和经验研究，开启了服务业研究的新时期。Greenfield（1966）、Browning 和 Singelman（1975）以服务业的功能性分类为出发点提出了生产性服务的概念，认为生产性服务业的主要服务对象是生产者，而非终端消费者，能够保障制造业生产过程的连续性，包括金融保险、建筑工程、法律服务等知识密集型行业。Grubel 和 Walker（1989）则从中间投入角度进行概念界定，指出生产性服务满足了生产者对于各类服务的中间使用需求，作为中间投入用来生产其他的产品或者服务，也可以看作服务形式的生产资料。也有不少研究采用投入产出方法识别界定具体的生产性服务业，如 Antonelli（1998）、Windrum 和 Tomlinson（1999）等，他们认为当服务行业一半的产出被当作其他行业的中间投入时，则该行业就具备生产性服务的性质。

关于生产性服务业的基本特征，Francois（1990）基于垄断竞争模型发现生产性服务以先进技术和专业人才为投入要素，在专业化分工格局中发挥着重要的联结协调作用，具有鲜明的知识与技术密集型行业特性。中间投入性是生产性服务业区别于消费性服务业的典型特点，其产出是中间服务而不是最终服务，并且生产性服务也表现出差异化、个性化以及规模经济效应等，当其蕴含的知识技能被掌握之后，生产性服务边际成本将会出现递减趋势（Markusen and Bridget，2009）。Guerrieri 和 Meliciani（2005）以 20 世纪 70 年代中期至 90 年代 OECD 国家的行业数据为基础，得出以金融业、信息和通信服务为代表的生产性服务业与其他行业存在着广泛且紧密的产业联系，显示出很强的产业关联性和技术依存度。

国内学者如刘志彪（2001）认为生产性服务是为进一步生产或者最终消费而提供服务的中间投入，除了金融保险等行业之外，还包括房地产业等部门，其行业主要以人力资本和知识资本作为投入品，这些资本不断进入商品生产过程并推动经济增长。生产性服务业一般可以划分为种子期、成长期和成熟期三大阶段，随着发展阶段的不断演进和需求市场的形成，其外部化程度逐渐由低到高，提供出更多的专业化、定制化和创新型服务（吕政等，2006；唐晓华等，2018）。程大中（2008）、杜传忠和管海锋（2022）指出生产性服务业是为生产者提供作为中间投入服务的部门，其发展过程往往伴随价值链和产业链的优化，以及服务种类与服务质量的有效提升，通过产业联系提高以制造业为代表的总体经济竞争实力。

1.2.1.2　生产性服务业开放的影响因素

生产性服务业开放是一个渐进开放、不断扩大的过程，在其开放广度和深度持续推进的同时，也会受到来自经济社会方面的众多因素影响，主要包括了以下几点：

第一，服务的可贸易性和易达性。由于社会发展客观条件的限制，大部分生产性服务在其产生时是无法进行贸易的，但是随着科学技术手段的发展，尤其是信息通信技术的成熟普及，越来越多的生产性服务可以进行贸易（Deardorff，2011；尚涛和陶蕴芳，2019）。Winkler（2020）以德国 1995～2006 年投入产出数据为例，指出企业通常将不具备比较优势的生产性服务环节进行外包，从而实现经营成本节约和专业化生产。

第二，地理距离和社会文化因素。Kimura 和 Lee（2010）利用 1999～2000 年 10 个 OECD 代表性国家与其他经济体的贸易流量数据构建出标准的引力模型，得到生产性服务业开放更容易受到空间地理距离的制约。Park 和 Soonchan（2019）分析了 2000～2005 年不同国家在金融、商务、通信和运输服务的进口总额，发现同一地理范围内区域贸易协定的签署对生产性服务业开放具有显著的累计放大效应。Harms 和 Shuvalova（2020）在测算出 2004～2016 年美国、日本与欧盟成员国之间文化距离指数的基础上，得出生产性服务业中的金融业开放对文化距离较为敏感，而交通运输和保险服务的对外开放表现相对稳定。

第三，地区政策环境因素。良好有利的政策环境是生产性服务业开放的动力支撑，但是每个国家对生产性服务业开放的政策规定有所区别，存在鼓励和限制两种截然不同的政策方向，尤其是发展中国家出于保护本土弱势产业的需要，对一些生产性服务细分行业采取限制开放的保守举措（江小涓，2008；Barone and Cingano，2011）。Fiorini 和 Hoekman（2016）以 2010～2012 年 OECD 成员国的可持续发展指数为例，发现减少生产性服务开放的政策限制能够提高行业绩效水平和实现可持续发展。冯宗宪等（2018）基于包括中国在内的 38 个国家的面板数据，得出生产性服务开放程度受到本国政府治理水平的制约作用。

1.2.1.3　生产性服务业开放的经济效应

关于生产性服务业开放经济效应的研究主要集中于对经济增长和制造业活动影响两大方面。

一方面，对于经济增长而言，生产性服务业开放的正面促进和负面抑制作用是同时并存的，Robinson 等（2002）利用一般均衡模型发现生产性服务贸易自由化通过先进技术应用等渠道显著地提升了全球主要经济体的经济增长率水平。Lewis 等（2003）基于欧盟与南非签订的各项自由贸易协定，得到生产性服务业开放会对非洲南部发展中国家的相关产业产生不利冲击，长期来看并不能有效地促进经济增长。国内学者如庄丽娟和贺梅英（2005）通过对 1984～2003 年中国的服务业利用外资情况分析，得出生产性服务业外商直接投资与经济增长暂时没有形成良性的相互促进关系。姚星和黎耕（2010）基于

1982~2007 年的宏观行业数据，指出生产性服务跨境贸易进出口活动对中国经济增长具有显著的积极推动作用。杨玲和徐舒婷（2015）选取 2004~2012 年世界 40 个代表性国家的服务贸易进出口数据，分析得到不同于货物贸易的负向效应，进口更多技术密集型的金融、保险和专利及特许费等生产性服务能够在更大程度上拉动本国的经济增长。

另一方面，生产性服务业开放对制造业活动的影响主要体现在产业联系增强、生产效率提高以及分工地位提升等方面。第一，生产性服务业是制造业发展的重要前提基础，制造业竞争力的增强离不开生产性服务业的支持，并且随着制造业的持续发展，其对生产性服务的需求也会不断扩大（Eswaran and Kotwal，2002；Macpherson，2008）。高觉民和李晓慧（2011）采用 2000~2007 年中国不同省份的数据，实证研究表明在生产性服务业扩大开放背景下，制造业与生产性服务细分部门均具有互动发展、彼此促进的关系。第二，生产效率提高是制造业生产活动的落脚点和总体目标。Kim（2003）指出，20 世纪 90 年代以来，韩国生产性服务业和制造业的全要素生产率水平均表现出持续增长态势，原因在于其国内生产性服务贸易自由化进程的加快。陈明和魏作磊（2018）以 2004~2014 年中国生产性服务细分行业为研究对象，发现生产性服务业开放总体上提高了制造业生产率，其中信息服务、研发设计与其他技术服务开放的正面促进作用较大。第三，国际分工地位高低与否是制造业市场竞争力的典型特征，Francois 和 Woerz（2008）结合 1994~2004 年经合组织成员国的货物和服务贸易数据，得到生产性服务开放降低了制造业的生产运营成本，实现本国制造业在产业分工地位领域的横向拓展和纵向深化。樊秀峰和韩亚峰（2019）基于中国 28 个制造业部门的细分行业数据，分析出生产性服务开放壁垒的减少可以带来更多的软性生产要素投入，提高制造业厂商的知识消化吸收和学习能力，通过规模经济效应的发挥进而有效地提升其分工地位。

1.2.1.4 生产性服务业开放水平的测度方法

如何测度生产性服务业开放水平是促进生产性服务业对外开放的重要基础，国内外文献主要采用直接衡量和间接衡量两种不同的方法，从直接衡量的角度来看，主要通过生产性服务贸易、生产性服务业外商直接投资（FDI）或者对外直接投资（OFDI）等方式进行测算，例如 Amiti 和 Wei（2009）、Arnold 等（2011）分别以美国和捷克的数据为例，基于生产性服务贸易进出口额以及制造业对生产性服务的依赖程度，利用投入产出关系构建出服务贸易自由化指数，类似的研究文献还有 Bas（2014）、Parul（2020）。也有不少文献采用生产性服务业 FDI 的流入总量来表征生产性服务业对外国投资者的开放水平（Jensen et al.，2007；Fernandes and Paunov，2012）。

间接衡量的方法主要是从生产性服务贸易壁垒的间接量化角度展开的，原因在于生产性服务贸易具有无形性、自然垄断性和监管难度大等特点，传统的关税壁垒并不能有效地保护国内产业，所以复杂性和隐蔽性的非关税壁垒占据了主流地位（Mattoo et al.，2006）。间接衡量的方法包括：一是频数工具法，Hoekman（1995）基于服务贸易总协定内各国承诺开放时间表，将承诺的开放方式依次划分为没有限制、承诺具体限制方式以及未做出任何承诺，根据相应的服务提供类型进行赋值。二是价格数量法，选用财务指标来度量国内外生产性服务价格差异，并利用引力模型等标准的贸易决定模型分析生产性服务开放程度（Francois and Wooton，2009；Eichengreen and Gupta，2013）。三是关税化方法，Kee 等（2012）将 91 个发展中国家和发达国家的关税与非关税壁垒转化为关税等值，发现经济落后国家的生产性服务壁垒更加具有限制性。

国内文献借鉴沿袭了上述做法，陈丽娴和魏作磊（2016）利用 2005~2013 年不同省份的数据研究了中国生产性服务业的外贸依存度和外商直接投资利用水平。孙湘湘和周小亮（2018）同样基于中国的省际数据，综合考虑生产性服务贸易规模和跨国对外投资活动，以此来衡量国内生产性服务业开放状况。张艳等（2013）依照中国"入世"服务承诺表和服务业领域的政策法规，计算出 1998~2007 年银行、保险、分销和电信等生产性服务开放领域的限制指数。孙浦阳等（2015）、侯欣裕等（2018）使用国家相关部委机构颁布的《外商投资产业指导目录》，根据细分行业的外资管制程度来刻画出 1997~2007 年中国生产性服务业总体开放水平，类似的研究还有冯凯和李荣林（2019）利用频数工具法度量出上海自贸试验区自成立以来，在负面清单管理模式下各个生产性服务细分行业的开放程度。

1.2.2 制造业出口产品升级的相关研究

随着发展中国家融入全球分工格局步伐的加快，这些国家的出口企业也会面临日益扩大的竞争压力，为了维持市场地位和盈利空间，出口企业需要增加产品的国内附加值以及技术含量，从而向质量提升空间更大的价值链分工环节攀升，以此来获得独特的产品竞争优势，这种活动被称作出口产品升级（Humphrey and Schmitz，2002；Hansen et al.，2016）。

按照已有文献的主要思路，出口产品升级活动可以划分为不同产品间的横向升级和同一产品内的纵向升级。出口产品横向升级是指出口企业由低技术产品的生产转向高技术产品的生产，这一转变意味着不同产品视角下的出口产品技术含量的提高，其对应的衡量指标为出口技术复杂度（Hausmann et al.，2007；周茂等，2019）。出口产品纵向升级是指在产品种类并没有发生改变的基础上，出口企业提高其产品中所蕴含的国内附加值和产品质量总体水平，代表着同一产品视角下的价值链分工地位提升和出口产品质量升级，其对应的衡量指标为出口国内附加值率和出口产品质量（Koopman et al.，2014；王思语和郑乐凯，2019）。

1.2.2.1 出口技术复杂度的相关研究

出口技术复杂度作为度量不同产品间水平差异的重要指标，受到国内外学者的广泛关注，主要是从概念定义、测算方法、影响因素等方面展开讨论。

一是概念定义。Hausmann（2003）最早提出了出口技术复杂度的基本概念，认为各国在参与经济全球化的过程中会根据自身技术水平优势进行产品出口，使得出口技术复杂度成为包含出口产品种类价值和技术含量等特征的综合性指标，出口产品的复杂度越高，表明其出口产品的技术含量越高。Rodrik（2006）进一步指出出口技术复杂度能够反映出一国的国际分工地位，如果本国所处的国际分工地位越高，则其出口技术复杂度相应也会越高。国内学者如姚洋和张晔（2008）同样以技术含量为切入点，在将出口技术复杂度界定为出口品技术含量的前提下，区分识别出国内和国外的技术含量。黄先海等（2010）指出产业层面的出口技术复杂度应当是由各个技术层次出口产品的加总组合，这一数值越大意味着技术水平越高。

二是测算方法。比较常用的是 Lall 等（2006）、Hausmann 等（2007）以收入指标为基础构造出的产品技术复杂度指数，考虑到不同国家经济发展水平的影响，针对该方法忽视产品质量差异的问题，Xu（2007）使用单位价值作为产品质量的代理指标进行改进。为了刻画出口国与贸易伙伴国双边层面上的技术复杂度水平，Schott（2008）基于中国与 OECD 国家的行业出口数据建立出口相似度指标，唐宜红和王明荣（2010）从产品层面计算出 1997～2008 年中国与澳大利亚等 24 个发达国家的出口相似度指数。也有一些研究利用投入产出方法进行测算，Willem 和 Pai（2015）以东亚主要国家投入产出数据为例，得到日本的出口技术复杂度水平居于领先地位，而中国与东盟国家的总体水平相对较弱。刘琳和盛斌（2017）利用 1998～2011 年中国 16 个工业行业数据，在扣除进口中间品的直接贡献和间接贡献之后，发现传统测算方法过高地估计了出口品的技术含量，实际上中国的国内技术复杂度表现出有所下降的趋势。

三是影响因素。发达国家普遍拥有较高的出口技术复杂度主要归因于其经济发展程度即人均国民收入水平，同时良好的人力资本质量和规模庞大的研发经费投入也发挥出积极的促进作用（Tebaldi，2011；Zhang and Yang，2016）。Katharina 和 Stephan（2016）汇总了 2001～2010 年印度制造业企业的产品数据，得出不同于发达国家的表现，外商直接投资带来的技术溢出效应能够加快发展中国家出口技术复杂度的提高。Nguyen（2016）以越南的出口贸易数据为例，认为关税下降所实现的贸易自由化可以有效地提升其出口技术复杂度。关于中国的经验证据，已有研究分别从贸易便利化水平提高（殷宝庆等，2016）、技术市场深化发展（戴魁早，2018）、双向 FDI 活动的协同溢出（李琛等，2020）以及制造业行业数字化转型（党琳等，2021）等方面探讨了推动中国出口技术复杂度提高的有利因素。

1.2.2.2 出口国内附加值率的相关研究

在传统的贸易总量核算框架中，由于存在重复计算中间品价值等缺陷，并不能反映出一国参与全球价值链分工的真实贸易利益，使得附加值贸易核算方法应运而生。国内外研究主要聚焦于出口国内附加值率的测算方法和影响因素两大领域。从测算方法角度来看，已有文献可以分为宏观层面和微观层面两种类型：一类是利用投入产出表数据进行国家或者行业层面的测算，这一方法来源于 Hummels 等（2001），基于非竞争型投入产出表，从进口中间品中区分了出口品生产价值并计算出垂直专业化比率。Koopman 等（2012）考虑到一般贸易和加工贸易的差异，利用投入产出表测算出 1997~2007 年中国制造业行业的出口国内附加值率。王直等（2015）进一步将上述方法扩展到部门、双边和双边部门，解决了附加值回流和重复计算等问题。另一类则是基于微观企业数据，剔除总出口中直接和间接进口中间产品份额，进而得到企业层面的出口国内附加值率。Upward 等（2013）使用 2000~2007 年中国工业企业和海关贸易匹配数据，测算出不同贸易方式下中国制造业企业的出口国内附加值率。随后，张杰等（2013）、Kee 和 Tang（2016）考虑到过度进口商、资本品折旧、贸易代理商以及国外投入比重等问题，重新测算发现中国企业的出口国内附加值率仍然偏低的特征。

从影响因素角度来看，一是与对外贸易活动关系密切的诸多因素，例如魏悦羚和张洪胜（2019）核算出中国双边部门层面的出口国内附加值率，同时以加入 WTO 作为一项准自然实验，得出进口关税水平下降即进口自由化可以显著提升中国的出口国内附加值率。毛其淋和许家云（2019）基于中国微观企业合并数据同样得到贸易自由化有利于提高企业的出口国内附加值率。此外，推进加工贸易转型升级以及离岸外包的实施均能够促进出口国内附加值率的提升（胡浩然和李坤望，2019；Xing and Huang，2021）。二是出口国内附加值率所面临的发展环境因素，戴翔和秦思佳（2020）以 2006~2013 年世界银行提供的中国营商环境指数为例，结合微观企业数据发现营商环境优化对于出口国内增加值率表现出显著的积极作用。不少研究认为发挥国内大市场优势（韩峰等，2020）、税收激励政策的推行（刘玉海等，2020）、设立特殊经济功能区（李启航等，2020）以及地方产业集群的形成（张丽和廖赛男，2021）也是影响中国出口国内附加值率的重要因素。

1.2.2.3 出口产品质量的相关研究

在新新贸易理论的兴起发展下，以产品质量为核心的垂直产品差异模型得到大量充分的讨论，已有文献主要是从测度方法完善与影响因素分析两个脉络对出口产品质量进行探究。出口产品质量的测度方法包括单位价格法、产品特征法、需求信息反推法以及供需信息加总法等。一是单位价格法。这一方法认为高质量的产品往往对应着较高的价格水平，则可以用出口产品的单位价格来衡量其产品质量（Hummels and Skiba，2004；Hallak，2006；李坤望等，2014）。然而产品价格不仅取决于质量如何，也受到成本、市场等多种因素制约，两者间的对应关系并不准确。二是产品特征法。依据产品类型选取针对性的指标来度量其质量，如 Crozet 等（2012）将法国红酒的评级标准作为其出口产品质量的代理指标，Auer 等（2014）使用各种性能参数加权得到的综合指数衡量汽车的质量，但是这种方法只能适用于特定产品。三是需求信息反推法。Hallak和 Sivadasan（2009）、Khandelwal 等（2013）在需求函数中考虑消费者的产品质量偏好，基于消费者的最优选择推导出产品质量表达式，指出价格相同的两种产品其质量与市场绩效有关。施炳展和邵文波（2014）、Fan 等（2015）、王雅琦等（2015）均采用这一方法。四是供需信息加总法。Feenstra 和 Romalis（2014）同时引入供给和需求两方面的因素，实现出口产品质量决策的内生化，余淼杰和张睿（2017）利用该方法测算了中国制造业出口质量水平，全面考虑供给与需求因素来降低估计误差。

出口产品质量的影响因素可以分为以下几大类：一是出口目的地的相关因素。代表性文献有 Baldwin 和 Harrigan（2011）、韩会朝和徐康宁（2014）、Brambilla 和 Porto（2016），分别从出口目的地的收入水平、市场规模和空间地理距离等方面探讨其如何作用于出口产品质量。二是生产率水平、雇佣结构、中间品投入、融资约束等企业异质性因素。国内外相应的研究如 Kugler 和 Verhoogen（2012）、Bas 和 Strauss-Kahn（2015）、Bernini 等（2015）以及刘啟仁和铁瑛（2020），他们发现具有较高生产率水平的出口企业倾向于使用高质量的中间投入品，从而生产高质量的最终产品销往发达国家，企业雇佣结构升级和融资约束缓解对出口产品质量发挥出正向促进作用。三是政府推行的各项政策影响。许和连和王海成（2016）利用 2005～2010 年中国县区工资数据和工业企业匹配数据，得出最低工资标准上调对企业出口产品质量产生了负向抑制作用。许家云和张俊美（2020）以国家知识产权战略领导小组的成立为准自然实验，结果表明知识产权战略的实施能够显著地提升出口产品质量。也有研究从高等教育扩招、高速公路建设、开发区设立等方面观察到相关政策的积极促进作用（方森辉和毛其淋，2021；李兰冰和路少朋，2021）。

1.2.3 生产性服务业开放对制造业出口产品升级的影响研究

1.2.3.1 生产性服务业开放与出口技术复杂度的相关研究

关于生产性服务业开放与出口技术复杂度的理论研究方面，生产性服务业外资开放扩大了本地区服务提供的数量和种类，降低了制造业企业获得生产性服务投入成本，通过生产要素间的"地方化"和"适应性"组合促进了制造业技术进步（Segerstrom，2000；Markusen et al.，2005）。Langhammer（2007）认为生产性服务具有中间投入的典型特征，需要与生产性服务业开放国家的其他生产要素进行融合互动，正是这种互动效应强化了其技术溢出效应。Raff 和 Ruhr（2010）指出随着生产性服务业外资流入的加快，不同国家或地区间的服务业与制造业的空间联动效应日益增强，下游制造业的出口技术复杂度也会随之提升。与国外主要研究结论一致，国内学者如刘艳（2014）发现高技术制成品出口复杂度越高，往往需要投入更多的生产性服务要素，生产性服务业开放能够延伸产品的生产链条，提高分工专业化与中间投入品质量，进而提升一国出口产品的技术复杂度。李惠娟和蔡伟宏（2016）以离岸生产性服务中间投入为切入点，提出生产性服务业开放借助于发挥知识溢出、人力资本积累、产业关联以及成本降低效应，从而为中国制造业出口技术复杂度带来了积极影响。

关于生产性服务业开放与出口技术复杂度的实证研究方面，Baliamoune（2017）以 2001~2012 年的全球主要经济体为例，得出通过从发达经济体进口生产性服务产品，发展中经济体获取到大量的知识信息和先进技术，为本国制造业出口技术复杂度水平的提高建立起良好的技术基础。Su 等（2020）利用 2005~2014 年 36 个国家的面板数据，实证研究表明生产性服务贸易壁垒的减少与制造业出口技术复杂度之间呈现出显著正相关的特征，尤其在 2007 年之后其促进作用更为突出。姚星等（2017）使用不同国家间的跨国投入产出数据，测度出共建"一带一路"国家部门的出口技术复杂度，研究发现扩大生产性服务进口可以对本国制造业出口技术复杂度的提升产生促进作用。罗军（2020）基于中国省级行业层面数据，指出生产性服务业 FDI 通过资本积累的挤入效应提升了中国制造业出口技术复杂度，但是这一结论仅适用于东部地区和中部地区的省份。龚静等（2020）将 2005 年中国生产性服务开放承诺的兑现作为外生政策冲击，采用倍差法得出生产性服务业开放所带来的市场竞争加剧，有力地促进了不同地区的制造业出口技术复杂度提升。

1.2.3.2　生产性服务业开放与出口国内附加值率的相关研究

国内外文献关于生产性服务业开放与出口国内附加值率的研究主要聚焦于理论模型、影响机制和经验证据三个领域。

一是理论模型。信息技术革命下生产性服务业集聚了大量的新知识和新技术，通过贸易开放活动作用于进口国的制造业发展（Bosworth and Triplett，2008）。李小帆和马弘（2019）在经典李嘉图比较优势模型中考虑两阶段生产情形，假定生产者需要投入服务和非服务两种中间品，通过均衡情况下的求解推导，表明随着生产性服务业 FDI 管制的减少，一国制造业产品中的国内增加值比重将会提高。邵朝对等（2020）基于 Kee 和 Tang（2016）构造的制造业最终品生产函数，进一步引入服务业部门投入，发现开放政策的实施和管制条件的放松，吸引更多的外国资本流入本国，打破了国内既有的垄断市场结构，产生出国内增加值扩大的积极效果。

二是影响机制。服务投入已经成为全球价值链分工体系内不可或缺的要素构成，在生产性服务业开放的推动下，跨国服务企业纷纷进入开放国家设立分支机构，极大地缓解所面临的生产性服务要素总量和种类约束，使得制造业生产过程中国内服务投入所占的比重越来越大（Lee，2019；罗军，2019）。跨国服务企业为当地带来研发、信息、管理、咨询等生产性服务要素，促使制造业出口企业不断延伸价值链参与长度，同时通过竞争示范效应加快国内服务厂商的创新变革，实现生产性服务要素国内价格的降低，增强中间产品内向化引致的出口附加值率提升效应（马丹等，2019；杜运苏等，2021）。占丽和戴翔

（2021）指出只有在生产性服务业得到充分发展，依靠国内服务要素投入增加而提高制造业服务化水平，而非过度地依赖于外国服务要素，才能真正发挥服务业开放对出口附加值创造能力的提升作用。

三是经验证据。Biryukova 和 Vorobjeva（2017）以金砖国家为例探讨生产性服务行业壁垒与全球价值链参与度之间的关系，发现减少海运、铁路和航空运输等交通运输行业的进入壁垒，并且提高金融服务的供给质量，能够显著地增强金砖国家的出口国内附加值获取能力。马弘和李小帆（2018）将经合组织主要成员国与中国进行比较，得出中国仍然是服务业 FDI 管制最多的国家，而国内附加值比重处于世界较低水平，假定 2010 年中国对包括生产性服务在内的服务业 FDI 管制程度降低到同一时期美国的总体水平，则中国制造业出口国内附加值比重平均将上升 7.4% 左右。Dai 等（2020）基于 2000~2014 年世界投入产出表（WIOD）数据，认为中国和美国全球价值链地位的差异主要归因于两国具有不同的产业结构，由于服务业开放的进程较为滞后，生产性服务要素的国际竞争力不强，使得中国被长期限制在低附加值的价值链分工环节。

1.2.3.3 生产性服务业开放与出口产品质量的相关研究

生产性服务业开放与出口产品质量的文献研究大致可以划分为理论机制分析和相关经验总结两方面。

一方面，中间投入品供给效率提高是出口产品质量升级的核心要义，内含高端要素的生产性服务业则是制造业生产投入要素的优势来源（Hallak and Sivadasan，2013；祝树金等，2019）。从服务中间品成本来看，生产性服务开放降低了外资进入本国的壁垒，面对极具竞争力的同类外资企业冲击，国内服务企业不得不降低产品价格来维持其市场地位，在一定程度上减少了制造业企业的服务投入成本支出（孙浦阳等，2018）。Bas（2020）指出在成本降低而产品价格不变的情形下，制造业企业的利润空间将会得到扩大，可以投入更多的资金进行生产优化和技术革新，继而推动国内企业出口产品质量升级活动。从服务中间品种类来看，国外服务企业的入驻将会直接增加国内生产性服务中间品的类型，同时通过发挥知识溢出与竞争促进等间接效应，促使国内服务企业提供更为多元化的服务中间品，正是基于丰富的中间品要素资源，制造业企业通过凸显产品的个性特征来满足消费者差异化需求，加快了自身的出口产品质量升级步伐（Goldberg et al.，2010；彭书舟等，2020）。

另一方面，李瑞琴等（2018）以2003~2007年中国制造业行业数据为例，得出对于下游制造业企业的出口产品质量而言，上游服务业FDI的增长扩大将会带来明显的提升效应，其中作为中间投入的生产性服务业FDI的促进作用更为显著。Correa-López和Doménech（2019）采用西班牙制造业总体数据进行实证研究表明，生产性服务业外资管制放松能够降低国内制造业企业的直接投入成本，无论是大型企业还是中小企业，它们的出口总体规模和出口产品质量水平均实现了充分的大幅度提高。自从2001年加入世界贸易组织以后，中国的贸易开放政策发生了重大变化，持续放宽生产性服务在内的服务业外商直接投资管制标准，尤其是在2000~2006年，生产性服务业外资管制壁垒的削减加快了制造业企业的出口产品质量升级（Hayakawa et al.，2020）。叶迪（2021）基于2003~2015年OECD提供的中国FDI管制指数，发现在批发零售、交通运输、金融和电信等生产性服务行业内，其FDI总体管制程度的下降有利于提升国内制造业企业的出口产品质量。

1.2.4 国内外研究评述

通过对以上研究的梳理可知，国内外文献围绕生产性服务业开放、制造业出口产品升级以及两者之间的关系展开了全面深入的讨论，但是仍然存在着以下局限性：

首先，从生产性服务业开放的研究来看，已有文献主要是从产业联系、生产效率与分工地位等方面阐释生产性服务业开放对制造业活动产生的影响，而对制造业出口产品升级的探讨分析相对较少；采用生产性服务贸易规模、外商直接投资或者对外直接投资总量等方法来衡量生产性服务业开放程度，虽然数据指标较为简单易得，但是仅能反映出生产性服务业开放的某一方面，同时也可能存在着反向因果的内生性问题。

其次，在制造业出口产品升级研究维度上，测算方法和影响因素是国内外学者聚焦于出口技术复杂度、出口国内附加值率和出口产品质量的重要研究领域。很多文献利用国家和行业层面的数据进行测算，而受限于微观数据的可得性，企业层面的测算方法有待于进一步改进完善；同时在影响制造业出口产品升级的诸多因素中，生产性服务业开放的作用还没有得到足够的关注重视。

最后，现有研究对于生产性服务业开放与出口技术复杂度、出口国内附加值率和出口产品质量的影响机制分析差异性较大，缺乏统一的理论分析框架支撑；目前关于生产性服务业开放与出口技术复杂度、出口国内附加值率和出口产品质量的实证研究主要是从国家、地区和行业层面进行探讨，而微观企业层面的经验证据较为欠缺。

1.3 研究思路、内容与方法

1.3.1 研究思路与内容

基于构建全面开放新格局和实现制造业出口高质量发展的双重背景，本书从微观企业层面探讨了中国生产性服务业开放对制造业出口产品升级的影响。主要的研究思路如下：

首先，在系统梳理生产性服务业开放与制造业出口产品升级相关文献的基础上，结合最新的国际贸易理论研究，将生产性服务业开放分别与制造业出口技术复杂度、出口国内附加值率和出口产品质量联系起来，并建立起相应的理论模型与影响机制分析框架。其次，总结概括了中国生产性服务业开放和制造业出口的发展现状事实，揭示出其生产性服务业开放与制造业出口升级的总体特征和变化联系。再次，将中国制造业微观企业作为研究对象，通过实证分析方法来检验上文的理论机制假说。一方面，从出口技术复杂度视角探究生产性服务业开放对制造业出口产品横向升级活动的影响；另一方面，以出口国内附加值率和出口产品质量为切入点，分析生产性服务业开放与制造业出口产品纵向升级活动之间的关系。最后，总结出上述理论分析与实证研究的主要结论，并立足于中国实际提出针对性的政策建议。具体的研究思路框架如图 1-1 所示。

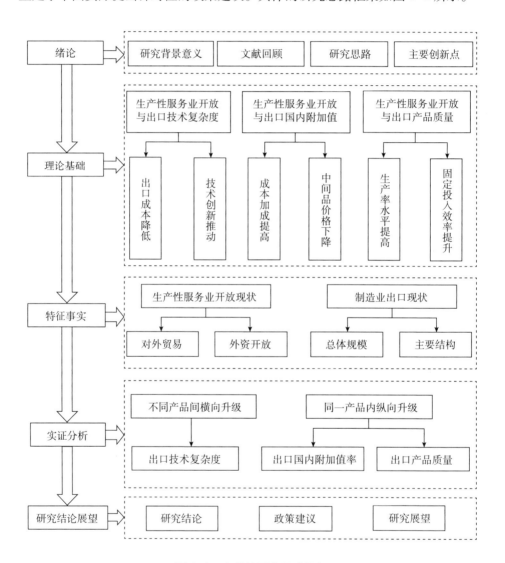

图 1-1　本书的研究思路框架

根据上述研究思路，本书总共分为九章，各章主要内容安排如下：

第 1 章为绪论。首先介绍了本书选题的研究背景和意义，之后分别从生产性服务业开放、制造业出口产品升级以及两者之间的关系三个方面对国内外相关研究进行梳理总结，最后介绍本书的研究思路、主要内容、研究方法与主要的创新点。

第2章为理论模型与机制分析。立足于国际贸易最新的理论分析框架，通过所建立的生产性服务业开放与出口技术复杂度、出口国内附加值率和出口产品质量之间的理论联系与影响机制，并提出一系列有待于检验的研究假设，为下文的实证研究奠定良好的理论基础。

第3章为中国生产性服务业开放与制造业出口的特征事实。首先回顾了改革开放以来中国生产性服务业开放的演变历程，随后分别从对外贸易和外资开放两个角度介绍了我国生产性服务业开放的发展现状，紧接着以总体规模与基本结构为研究切入点分析中国制造业出口的主要特征，从而全面地呈现出中国生产性服务业开放与制造业出口的典型事实。

第4章为生产性服务业开放对中国制造业出口技术复杂度的影响。基于理论模型的推导构建出计量模型，利用2000~2007年中国工业企业数据库和海关贸易数据库的匹配数据，实证检验生产性服务业开放对制造业出口技术复杂度的影响及其内在机制，同时本章也考虑到地区制度环境状况对两者之间关系的影响作用。

第5章为生产性服务业开放对制造业出口国内附加值率的影响。通过建立相应的计量基准模型，采用中国工业企业和海关进出口贸易的微观数据，实证分析生产性服务业开放是否对制造业出口国内附加值率产生影响，验证其传导作用渠道的成立性，并且对制造业出口的规模效应和结构效应进行了拓展分析。

第6章为生产性服务业开放对中国制造业出口产品质量的影响。同样基于中国工业企业数据库和海关贸易数据库的微观匹配数据，对生产性服务业开放与制造业出口产品质量的关系以及内在影响机理进行实证检验，进一步地，还讨论了以中间品和最终品关税水平下降为代表的贸易自由化对上述关系所产生的影响。

第7章为服务业开放对经济高质量发展的影响。探讨涵盖生产性服务业开放在内的总体开放程度，研究发现服务业开放与环境规制均有利于促进经济高质量发展；命令型环境规制、市场型环境规制表现出显著的中介效应，而自主型环境规制并不存在明显的中介效应；服务业开放对经济高质量发展的正向作用存在环境规制门槛效应。

第8章为服务业开放对地区环境污染水平的影响。通过将服务业的污染排放分解为规模效应、结构效应和技术效应，运用空间杜宾模型实证分析服务业开放与地区环境污染水平之间的关系。服务业开放不仅能够降低本地区环境污染水平，也通过空间溢出机制显著改善了周边地区的环境污染状况。

第9章为研究结论与展望。通过总结归纳上文的实证部分，得到本书的主要研究结论，并结合基本结论提出相应的政策建议，最后阐明本书在分析过程中存在的局限和不足，指出了未来可以拓展的研究方向。

1.3.2 研究方法

为了增强研究结论的可靠性和说服力，本书注重理论研究与实证研究相结合，综合使用不同的研究方法，具体包括以下几个方面：

第一，定性分析与定量分析相结合。本书系统地总结了生产性服务业开放与制造业出口产品升级的国内外文献，进而对生产性服务业开放影响制造业出口技术复杂度、出口国内附加值率和出口产品质量的主要机制进行定性分析，在这一基础上，采用中国工业企业数据库和海关贸易数据库的匹配数据展开实证分析，以此来检验定性分析的适用性与可信度，有效地达到定性分析与定量分析不同方法间的相辅相成、互为佐证。

第二，纵向分析和横向分析相结合。本书不仅梳理出中国生产性服务业开放与制造业出口的纵向发展历程，同时结合不同阶段的对外开放背景，对中国生产性服务业开放与制造业出口的国际水平、行业结构均进行了横向比较，而且分别从横向升级和纵向升级两个不同的维度来界定制造业出口产品升级活动，全面地考察了中国生产性服务业开放与制造业出口产品升级之间的内在联系。

第三，计量方法的综合运用。鉴于所使用数据的基本特征，本书主要采用固定效应模型、两阶段最小二乘法、双重差分估计等计量方法，构建出中介效应模型来检验中国生产性服务业开放作用于制造业出口产品升级的影响机制，并且利用 Heckman 两阶段模型和两阶段最小二乘法处理潜在的内生性问题和样本选择偏误，从而保证主要研究结论的稳健可靠性。

1.4 主要创新点

第一，基本研究视角的突破。通过将制造业出口产品升级活动划分为以出口技术复杂度为代表的不同产品间横向升级和以出口国内附加值率、出口产品质量为代表的同一产品内纵向升级，本书发现已有研究较多地从国家、地区或者行业层面探讨生产性服务业开放与制造业出口产品升级之间的关系，很少从制造业微观企业视角展开分析。基于此，本书利用样本量丰富的中国微观企业匹配数据，在检验生产性服务业开放是否对制造业出口产品升级产生影响的基础上，进一步分析两者之间的内在作用机理，进而从微观企业视角为探究生产性服务业开放与制造业出口产品升级的关系提供充分有益的补充。

第二，理论分析框架的完善。国内外文献关于生产性服务业开放与制造业出口产品升级的理论研究较为单一，尽管诸多研究从不同理论层面分析制造业出口产品升级的影响因素，但是较少涉及生产性服务业这一因素。本书立足于制造业出口技术复杂度、出口国内附加值率和出口产品质量所对应的最新贸易理论模型，在引入生产性服务开放因素的前提下，构建出生产性服务开放影响制造业出口产品升级活动的理论模型，并梳理总结了出口成本降低、技术创新推动、成本加成提高、国内中间品价格下降、生产率水平与固定投入效率提升等相应的影响机制，初步形成了较为统一完善的理论分析框架。

第三，指标测算方法的改进。现有研究主要利用生产性服务贸易规模、生产性服务业外商直接投资（FDI）或者对外直接投资（OFDI）总量等方式来测度生产性服务业开放水平，虽然上述衡量方法较为简便直接，但是可能会带来反向因果的内生性问题，使得测算结果的可信度有所下降。本书则采用国家有关部门相应年份所颁布的《外商投资产业指导目录》，构建出相对外生的生产性服务业开放指数，从外资参股限制角度来测度中国的生产性服务业开放水平，弥补了核心指标测算方面的不足。此外，以不同行业间的投入产出系数作为权重建立起生产性服务业与制造业之间的产业联系，从而准确地衡量中国生产性服务业开放对制造业出口产品升级的影响程度。

2 理论模型与机制分析

本章从理论视角分析了生产性服务业开放对制造业出口产品升级的影响及其作用机制，一方面，基于经典的异质性企业贸易模型假定，以制造业出口技术复杂度为衡量指标，探讨生产性服务业开放对制造业出口活动中不同产品间横向升级的影响；另一方面，利用出口国内附加值与产品质量内生决定的最新理论模型，以制造业出口国内附加值率和出口产品质量为衡量指标，分析生产性服务业开放与制造业出口活动中同一产品内纵向升级之间的关系。因此，在综合阐述上述两个方面的基础上，将生产性服务业开放与制造业企业出口产品升级活动置于统一的理论分析框架，从而为下文的实证研究提供良好的理论基础支撑。

2.1 生产性服务业开放与制造业出口技术复杂度

本部分以 Melitz（2003）建立的异质性企业贸易模型为基本框架，参照卢福财和金环（2020）、齐俊妍和强华俊（2021）的研究思路，分别将出口技术复杂度引入到消费者效用函数，将生产性服务业开放变量引入到生产者的成本函数和技术创新函数，并以此为基础来分析生产性服务业开放与制造业出口技术复杂度之间的关系及其作用机理。

2.1.1 消费者均衡

假设经济活动中存在差异化和同质化两种制造业生产部门，每种生产部门内的制造业企业都仅仅投入单一的劳动力要素进行生产。每个代表性消费者对差异化产品的偏好满足 CES 效用函数形式，则消费者效用最大化和预算约束函数如下所示：

$$\text{Max}U = \left[\sum_{k} \left(T_k Q_k \right)^{\frac{\sigma-1}{\sigma}} \right]^{\frac{\sigma}{\sigma-1}}, \quad \text{s. t.} \quad I = \sum_{k} p_k Q_k \tag{2-1}$$

其中，T_k 表示产品 k 的出口技术复杂度，这里假设每个制造业企业只生产一种产品，则 T_k 也可以表示制造业企业的出口技术复杂度。Q_k 表示制造业企业生产的差异化产品数量；$\sigma(\sigma>1)$ 表示不同差异化产品间的替代弹性；I 表示消费者的收入水平。通过建立相应的拉格朗日函数：

$$L = \left[\sum_{k} \left(T_k Q_k \right)^{\frac{\sigma-1}{\sigma}} \right]^{\frac{\sigma}{\sigma-1}} - \lambda \left(I - \sum_{k} p_k Q_k \right) \tag{2-2}$$

分别对差异化产品求导，即可得到消费者效用最大化时的最优消费数量如下：

$$Q_k = p_k^{-\sigma} T_k^{\sigma-1} \frac{I}{P} \tag{2-3}$$

式中，$P = \sum_{k} p_k^{1-\sigma} T_k^{\sigma-1}$ 表示差异化产品的价格指数。

2.1.2 生产者均衡

一方面，随着生产性服务业外资管制措施的放松，一定程度上减少了制造业企业出口过程中所面临的市场风险和政策不确定性因素，实现其进入国外市场以及建立海外分销网络等固定成本的有效降低（Bas，2014；武力超等，2016）。另一方面，生产性服务业开放领域的扩大将会带来行业竞争的加剧，使得生产单位产品所需要的服务投入价格出现下降，同时促使国内制造业将非核心业务外包给国外服务企业，进而降低制造业企业出口的可变成本（齐俊妍和任同莲，2020）。借鉴 Hallak 和 Schott（2011）的做法，本书将可变成本函数设定为如下形式：

$$VC = \frac{\alpha}{R(\vartheta)} T_k^{\beta} \qquad (2-4)$$

其中，VC 表示制造业企业的可变成本；ϑ 表示生产性服务业开放指数；α（$\alpha > 0$）为常数，β（$\beta > 0$）表示可变成本中出口技术复杂度的弹性系数；$R(\vartheta)$ 表示制造业企业的技术创新能力。制造业企业通过生产性服务业开放获得更多的知识、技术等高端服务要素，这些要素中包含着巨大的隐性知识潜能，能够做到与其他生产要素之间的优势互补，直接推动企业的技术创新活动。此外，生产性服务业开放借助于技术外溢扩散效应的发挥，实现技术创新成果的传播共享，扩大了技术受益范围和创新覆盖领域，进一步提高同一行业内不同制造业企业的技术创新能力（董也琳，2015；李惠娟和蔡伟宏，2016）。

根据以上分析可知，生产性服务业开放的程度越高，制造业企业的技术创新能力 $R(\vartheta)$ 越强，其所面临的固定成本 $F(\vartheta)$ 越低，即满足以下条件：$R'(\vartheta) > 0$、$F'(\vartheta) < 0$。因此，制造业企业的总成本函数可以表示为：

$$TC = Q_k \times VC + F(\vartheta) = p_k^{-\sigma} \frac{\alpha I}{P R(\vartheta)} T_k^{\beta + \sigma - 1} + F(\vartheta) \qquad (2-5)$$

2.1.3　市场均衡

假设制造业企业所处的市场结构为垄断竞争性市场，则市场上存在着大量生产相近但不同质产品的企业。基于垄断竞争性市场在均衡条件下企业利润为零的特征，可以得到制造业企业利润函数最大化的形式为：

$$\text{Max}\,\pi = Q_k \left[p_k - \frac{\alpha}{R(\vartheta)} T_k^{\beta} \right] - F(\vartheta) \qquad (2-6)$$

根据一般均衡条件，生产者均衡等于消费者均衡，对公式（2-6）中的产量 Q_k 求一阶偏导数可得：

$$\frac{\partial \pi}{\partial Q_k} = p_k + Q_k \frac{dP}{dQ} - \frac{\alpha}{R(\vartheta)} T_k^{\beta} = 0 \qquad (2-7)$$

将式（2-7）进行移项合并，整理得到制造业企业出口技术复杂度的函数为：

$$T_k^{\beta} = \frac{R(\vartheta)\left(1-\dfrac{1}{\sigma}\right)p_k}{\alpha} \qquad (2-8)$$

对式（2-8）中的出口技术复杂度 T_k 关于技术创新能力 $R(\vartheta)$ 求一阶偏导数，可以得到：

$$\frac{\partial T_k}{\partial R(\vartheta)} = \frac{1}{\beta} \times \left[\frac{\left(1-\dfrac{1}{\sigma}\right)p_k}{\alpha}\right]^{\frac{1}{\beta}} \times R(\vartheta)^{\frac{1}{\beta}-1} > 0 \qquad (2-9)$$

由式（2-9）的结果可知，制造业企业技术创新能力的增强能够提高其产品的出口技术复杂度，由于存在上文的已知条件 $R'(\vartheta) > 0$，进一步得到：

$$\frac{\partial T_k}{\partial \vartheta} = \frac{\partial T_k}{\partial R(\vartheta)} \times \frac{\partial R(\vartheta)}{\partial \vartheta} > 0 \qquad (2-10)$$

式（2-10）表明，在市场均衡的条件下，生产性服务业开放有利于促进制造业企业的技术创新活动，进而推动了其出口技术复杂度的提升。

2.1.4 自由贸易均衡

在自由贸易的情形下，制造业出口企业不得不面对诸多外部因素的制约和冲击，例如全球市场的剧烈波动、主要国家的宏观经济形势等。为了尽可能地降低外部不确定因素对出口活动的干扰，及时了解适应国际市场的需求变动，制造业出口企业需要支付一定的出口调整成本，包括市场搜寻成本和信息交流成本等（Fink et al., 2005；张洪胜和潘钢健, 2021）。假设制造业出口企业的调整成本为 $H(\vartheta)$，ϑ 表示生产性服务业开放指数，生产性服务业的开放程度越高，越能降低制造业出口企业进入国际市场所需的搜寻成本和沟通成本（仲鑫和游曼淋, 2016），即满足 $H'(\vartheta) < 0$。

假设制造业企业出口需求面临不确定性风险的概率为 ψ，则出口市场需求前后保持一致的概率为 $1-\psi$，制造业出口企业预期利润最大化的目标函数表达式为：

$$E(\pi_e) = \psi\left[\pi(T) - H(\vartheta) \times TC(T)\right] + (1-\psi)\left[\pi(T) - TC(T)\right] \qquad (2-11)$$

对式（2-11）两端关于 Q 求一阶偏导数，得到制造业企业的预期出口量为：

$$\frac{\partial E(\pi_e)}{\partial Q}=\left(1-\frac{1}{\sigma}\right)p-\left[\psi+(1-\psi)H(\vartheta)\right]\frac{\alpha}{R(\vartheta)}T^\beta=0 \qquad (2-12)$$

将式（2-12）进行移项整理，从而得到制造业企业出口技术复杂度的函数表达式为：

$$T^\beta=\frac{\sigma-1}{\sigma\alpha}\times\frac{R(\vartheta)p}{(1-\psi)+\psi H(\vartheta)} \qquad (2-13)$$

由式（2-13）可知，制造业企业出口技术复杂度与企业技术创新能力 $R(\vartheta)$ 成正比，而与贸易活动中的出口成本 $H(\vartheta)$ 成反比，即 $\partial T/\partial R(\vartheta)>0$，$\partial T/\partial H(\vartheta)<0$，对式（2-13）关于生产性服务业开放指数 ϑ 求一阶偏导数可以得到：

$$\frac{\partial T}{\partial\vartheta}=\frac{\partial T}{\partial R(\vartheta)}\frac{\partial R(\vartheta)}{\partial\vartheta}=\frac{\partial T}{\partial H(\vartheta)}\frac{\partial H(\vartheta)}{\partial\vartheta}$$

$$=\frac{\sigma-1}{\sigma}\frac{p}{\alpha}\frac{R'(\vartheta)-R(\vartheta)\psi H'(\vartheta)}{\left[(1-\psi)+\psi H(\vartheta)\right]^2}>0 \qquad (2-14)$$

由此可知，在市场均衡和自由贸易均衡的不同情形下，生产性服务业开放将会通过影响制造业企业的出口成本和技术创新活动，进而作用于出口技术复杂度的提高。图 2-1 列出了相应的具体影响渠道。

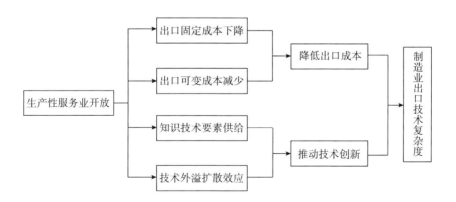

图 2-1　生产性服务业开放对制造业出口技术复杂度的影响机制

基于以上的理论机制分析，本书提出如下假设：

假设1：生产性服务业开放有利于提升制造业企业的出口技术复杂度。

假设2：出口成本降低和技术创新推动是生产性服务业开放提升制造业出口技术复杂度的重要机制。

2.2 生产性服务业开放与制造业出口国内附加值率

本部分借鉴 Kee 和 Tang（2016）建立的出口国内附加值率理论模型分析框架，梳理出影响制造业企业出口国内附加值率的主导因素，进一步地分析生产性服务业开放作用于制造业出口国内附加值率的影响渠道，为下文的实证部分建立初步的理论基础。假设制造业企业的生产函数满足以下条件：

$$Y_{it} = \varphi_{it} K_{it}^{\mu_K} L_{it}^{\mu_L} M_{it}^{\mu_M} \tag{2-15}$$

$$M_{it} = \left(M_{it}^{D\frac{\sigma-1}{\sigma}} + M_{it}^{I\frac{\sigma-1}{\sigma}} \right)^{\frac{\sigma}{\sigma-1}}, \ \mu_K + \mu_L + \mu_M = 1 \tag{2-16}$$

其中，Y_{it} 表示 t 时期制造业企业 i 的总产出；φ_{it} 表示企业生产率水平；K 表示资本要素，L 表示劳动要素，M 表示中间品投入，这三种要素投入所对应的平均价格分别为 r_t、ω_t 和 P_t^M；μ_K、μ_L、μ_M 依次为上述要素投入的产出弹性系数；M_{it}^D 表示国内中间品总量，相应的平均价格为 P_t^D；M_{it}^I 表示进口中间品总量，其平均价格为 P_t^I；σ 表示国内中间品和进口中间品的替代弹性且满足 $\sigma > 1$。假定国内中间品和进口中间品的要素种类数分别为 V_t^D 和 V_t^I，则中间品总量与中间品种类之间的对应关系可以表示为：

$$M_{it}^D = \left[\sum_{v_i=1}^{V_t^D} \left(m_{v_i}^D \right)^{\frac{\rho-1}{\rho}} \right]^{\frac{\rho}{\rho-1}}, \ M_{it}^I = \left[\sum_{v_i=1}^{V_t^I} \left(m_{v_i}^I \right)^{\frac{\rho-1}{\rho}} \right]^{\frac{\rho}{\rho-1}} \tag{2-17}$$

其中，v_i 表示第 i 种中间品种类，m^D 和 m^I 分别表示国内中间品和进口中间品，ρ 表示任意两种进口中间品或者国内中间品之间的替代弹性。假定国内中间品种类和进口中间品种类的价格依次为 P_{vt}^D、P_{vt}^I，同样可以得到中间品的平均价格与相应种类中间品价格之间的关系为：

$$P_t^D = \left[\sum_{v=1}^{v_t^D} (P_{vt}^D)^{1-\rho} \right]^{\frac{1}{1-\rho}}, \quad P_t^I = \left[\sum_{v=1}^{v_t^I} (P_{vt}^I)^{1-\rho} \right]^{\frac{1}{1-\rho}} \qquad (2-18)$$

由式（2-16）可知，制造业企业总中间品价格指数 P_t^M 是关于 P_t^D 和 P_t^I 的常替代弹性（CES）函数：

$$P_t^M = \left[(P_t^D)^{1-\sigma} + (P_t^I)^{1-\sigma} \right]^{\frac{1}{1-\sigma}} \qquad (2-19)$$

在给定要素价格和目标产量的条件下，制造业企业将依据利润最大化或成本最小化的原则进行生产活动，可以得到如下的关系表达式：

$$C_{it}(r_t, \omega_t, P_t^D, P_t^I, Y_{it}) = \frac{Y_{it}}{\varphi_{it}} \left(\frac{r_t}{\mu_K}\right)^{\mu_K} \left(\frac{\omega_t}{\mu_L}\right)^{\mu_L} \left(\frac{P_t^M}{\mu_M}\right)^{\mu_M} \qquad (2-20)$$

$$\frac{P_t^M M_{it}}{C_{it}} = \mu_M \qquad (2-21)$$

其中，C_{it} 表示 t 时期制造业企业 i 的生产成本，由式（2-20）可以计算得到制造业企业 i 生产最终品的边际成本为：

$$c_{it} = \frac{\partial C_{it}(\cdot)}{\partial Y_{it}} = \frac{1}{\varphi_{it}} \left(\frac{r_t}{\mu_K}\right)^{\mu_K} \left(\frac{\omega_t}{\mu_L}\right)^{\mu_L} \left(\frac{P_t^M}{\mu_M}\right)^{\mu_M} \qquad (2-22)$$

参照 Kee 和 Tang（2016）的设定方式，本书将进口中间品投入要素在制造业企业总收入中所占的比重表示为：

$$\eta_{it} = \frac{P_t^I M_{it}^I}{P_{it} Y_{it}} = \frac{P_t^I M_{it}^I}{P_t^M M_{it}} \frac{P_t^M M_{it}}{C_{it}} \frac{C_{it}}{P_{it} Y_{it}} = \mu_M \frac{1}{\psi_{it}} \frac{P_t^I M_{it}^I}{P_t^M M_{it}} \qquad (2-23)$$

其中，ψ_{it} 表示 t 时期制造业企业 i 的成本加成，基本定义为 $\psi_{it} = \dfrac{P_{it}}{c_{it}}$。为了

得到进口中间品要素成本在总成本中所占的比重，即 $\dfrac{P_t^I M_{it}^I}{P_t^M M_{it}}$，需要求解如下的

成本最小化问题：

$$\min P_t^I M_{it}^I + P_t^D M_{it}^D, \quad \text{s. t.} \quad M_{it} = \left(M_{it}^{D\frac{\sigma-1}{\sigma}} + M_{it}^{I\frac{\sigma-1}{\sigma}} \right)^{\frac{\sigma}{\sigma-1}} \qquad (2-24)$$

通过对式（2-24）的求解，可以进一步得到进口中间品成本占总成本比重的表达式为：

$$\frac{P_t^I M_{it}^I}{P_t^M M_{it}} = \frac{1}{1+(P_t^I/P_t^D)^{\sigma-1}} \tag{2-25}$$

将式（2-25）代入制造业企业出口国内附加值率（*DVAR*）的定义式之中，经过移项整理可以得到：

$$DVAR_{it} = 1 - \frac{P_t^I M_{it}^I}{P_{it} Y_{it}} = 1 - \mu_M \frac{1}{\psi_{it}} \frac{1}{1+(P_t^I/P_t^D)^{\sigma-1}} \tag{2-26}$$

根据式（2-26）可知，当国内中间品和进口中间品的替代弹性 σ 和中间要素投入的产出弹性 μ_M 给定的情形下，制造业企业出口国内附加值率的变动主要与成本加成（ψ_{it}）以及进口中间品和国内中间品的相对价格（P_t^I/P_t^D）密切相关。通过对式（2-26）分别求一阶偏导数可以得到：

$$\frac{\partial DVAR_{it}}{\partial \psi_{it}} = \mu_M \frac{1}{\psi_{it}^2} \frac{1}{1+(P_t^I/P_t^D)^{\sigma-1}} > 0 \tag{2-27}$$

$$\frac{\partial DVAR_{it}}{\partial (P_t^I/P_t^D)} = (\sigma-1)\mu_M \frac{1}{\psi_{it}} \frac{(P_t^I/P_t^D)^{\sigma-2}}{[1+(P_t^I/P_t^D)^{\sigma-1}]^2} > 0 \tag{2-28}$$

式（2-27）和式（2-28）的结果表明，企业成本加成和进口中间品相对价格的提高都可以带来制造业出口国内附加值率的提升。接下来，本书进一步探讨生产性服务业开放如何通过成本加成（ψ_{it}）和中间品的相对价格（P_t^I/P_t^D）两大渠道来影响制造业出口国内附加值率。

2.2.1 成本加成影响渠道

成本加成刻画出制造业企业的产品定价与边际成本之间的偏离程度，其主要通过边际成本效应和产品价格效应作用于企业出口国内附加值率（赵玲等，2018）。一方面，生产性服务业开放为国内制造业企业提供更为全面的标准化服务，做到服务性要素与制造业要素的充分融合，减少要素资源获取中不必要的中间环节，实现各生产环节中人力资本和知识资本的有效嵌入，进而提高制造业企业的生产效率并降低其边际生产成本（Melitz and Ottaviano，2008；凌丹等，2019）。另一方面，生产性服务业产品往往蕴含着附加值更大的技术、知识以及信息等要素，通过利用国外高端的生产性服务中间品，国内制造业企业所生产的最终产品的总体质量得到提高，将会给企业带来差异化的产品竞争优势和市场领先地位，从而拥有相对较高的价格水平（陈虹和王蓓，2020；Hayakawa et al.，2020）。综合而言，生产性服务业开放通过降低边际成本和提高产品价格推动制造业企业成本加成率的提升，即存在 $\frac{\partial \psi_{it}}{\partial PSOI_{it}} > 0$，$PSOI$ 表示生产性服务业开放程度，与式（2-27）相结合，可以得到：

$$\frac{\partial DVAR_{it}}{\partial PSOI_{it}} = \frac{\partial DVAR_{it}}{\partial \psi_{it}} \frac{\partial \psi_{it}}{\partial PSOI_{it}} > 0 \tag{2-29}$$

由式（2-29）可知，生产性服务业开放通过成本加成渠道提高了制造业出口国内附加值率。

2.2.2 中间品相对价格影响渠道

中间品作为技术溢出的主要途径与有效传播媒介，制造业企业通过使用国内外中间品进行生产活动，可以利用其包含的技术或知识来获得产品内资源重置效应（Blalock and Veloso，2007）。首先，生产性服务业开放使得大量同类或者相近的国外中间品进入，对国内上游市场厂商的市场地位造成很大的冲击，导致其市场占有份额和垄断程度受到削弱，正因如此，下游制造业企业所面临的同类国内中间品价格将会出现一定程度的下降（刘艳，2014；李胜旗和毛其淋，2017）。其次，本国市场上的中间品种类和数量与国内中间品的价格具有直接密切的联系，生产性服务业开放扩大了国内制造业企业可以选择的生产性服务的范围种类（谢慧和黄建忠，2015；Liu et al.，2020）。通过发挥市场竞争和研发创新的促进作用，生产性服务业开放增加了国内市场上的中间品种类数量，从而降低了国内中间品的价格水平，这也就意味着进口中间品相对价格出现上升，即满足以下条件：$\frac{\partial (P_t^I / P_t^D)}{\partial PSOI_{it}} > 0$，进一步利用式（2-28）的分析结论，同样可以得出：

$$\frac{\partial DVAR_{it}}{\partial PSOI_{it}} = \frac{\partial DVAR_{it}}{\partial (P_t^I / P_t^D)} \frac{\partial (P_t^I / P_t^D)}{\partial PSOI_{it}} > 0 \tag{2-30}$$

式（2-30）的结果表明，生产性服务业开放通过国内中间品价格的下降，作用于进口中间品相对价格，以此来提高制造业出口国内附加值率。图2-2展示出生产性服务业开放影响制造业出口国内附加值率的主要机制框架。

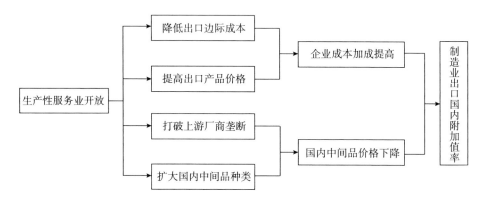

图2-2　生产性服务业开放对制造业出口国内附加值率的影响机制

基于以上的理论机制分析，本书提出如下假设：

假设3：生产性服务业开放有利于提高制造业企业的出口国内附加值率。

假设4：成本加成提高和国内中间品价格下降是生产性服务业开放提高制造业出口国内附加值率的重要机制。

2.3　生产性服务业开放与制造业出口产品质量

本部分基于Hallak和Sivadasan（2009）、Khandelwal等（2013）构建的企业产品质量内生决定的理论模型，从理论上推导出制造业企业出口产品质量的决定性影响因素，并以此为基础来探讨生产性服务业开放对制造业出口产品质量的作用机制，进而为下文的实证研究提供理论基础支撑。这一理论模型主要是从产品需求和产品供给两个层面展开分析，具体的设定如下：

2.3.1　需求方面

从产品需求层面来看，假设一国代表性消费者的效用函数为CES效用函数：

$$U = \left[\int_{k \in \Omega} \left(\lambda_k q_k \right)^{\frac{\sigma-1}{\sigma}} dk \right]^{\frac{\sigma}{\sigma-1}} \qquad (2\text{-}31)$$

其中，k 表示出口产品种类，假设每一个制造业企业仅生产一种产品种类，则 k 也可以表示制造业企业；Ω 表示出口产品种类集合；λ_k 表示出口产品种类 k 的质量；q_k 表示消费者消费出口产品种类 k 的数量；σ 表示不同种类出口产品之间的替代弹性且满足 $\sigma > 1$。消费者所面临的价格指数为：

$$P = \int_{k \in \Omega} p_k^{1-\sigma} \lambda_k^{\sigma-1} dk \qquad (2\text{-}32)$$

其中，p_k 表示出口产品种类 k 的价格，在给定预算约束条件下，利用效用最大化过程求其最优解，可以得到代表性消费者对出口产品种类 k 的需求函数为：

$$q_k = p_k^{-\sigma} \lambda_k^{\sigma-1} \frac{E}{P} \qquad (2\text{-}33)$$

其中，E 表示消费者支出，P 表示价格指数，与公式（2-32）中的基本含义是一致的。

2.3.2　供给方面

假设制造业企业在生产率和质量生产能力两个方面存在一定的异质性，并且两者决定了其出口市场绩效程度。具体而言，生产率越高的制造业企业，其所需要投入的可变成本越低；质量生产能力越强的制造业企业，其所面临的固定成本越低。基于上述分析，制造业企业的生产成本即可变成本和固定成本可以表示为：

$$MC(\lambda, \varphi) = \left(\frac{c}{\varphi} \right) \lambda_k^{\tau} \qquad (2\text{-}34)$$

$$F(\lambda, \theta) = F_0 + \left(\frac{f}{\theta} \right) \lambda_k^{v} \qquad (2\text{-}35)$$

其中，MC 和 F 分别表示制造业企业的边际成本和固定成本；φ 表示制造业企业的生产率水平，用于刻画企业边际生产成本的异质性；θ 表示企业的固定投入效率，即制造业企业能够以较低的固定成本生产高质量出口产品的能力，用于刻画企业固定生产成本的异质性，固定投入效率的取值越大，意味着制造业企业出口产品质量生产所需的固定成本越低；F_0 表示企业初始的固定成本投入；$\tau(\tau>0)$ 和 $\upsilon(\upsilon>0)$ 分别表示边际成本和固定成本所对应的产品质量替代弹性；c、f 均为常数。

2.3.3 均衡状态

结合上文所得到的需求函数和成本函数，在制造业企业追求利润最大化的条件下，可以得到其出口产品质量的决定方程为：

$$\lambda(\varphi,\theta)=\left[\frac{1-\tau}{\upsilon}\left(\frac{\sigma-1}{\sigma}\right)^{\sigma}\left(\frac{\varphi}{c}\right)^{\sigma-1}\frac{\theta}{f}\frac{E}{P}\right]^{\frac{1}{\upsilon'}} \tag{2-36}$$

其中，$\upsilon'=\upsilon-(1-\tau)(\sigma-1)>0$，$0<\tau<1$，$\upsilon>\upsilon'$。由式（2-36）可知，制造业企业的出口产品质量主要取决于企业生产率水平 φ 和固定投入效率 θ，通过分别对其求一阶偏导数可以得到：

$$\frac{\partial\lambda(\varphi,\theta)}{\partial\varphi}=\frac{1}{\upsilon'}\left[\frac{1-\tau}{\upsilon}\left(\frac{\sigma-1}{\sigma}\right)^{\sigma}\left(\frac{\varphi}{c}\right)^{\sigma-1}\frac{\theta}{f}\frac{E}{P}\right]^{\frac{1}{\upsilon'}-1}$$

$$\frac{\sigma-1}{c}\frac{1-\tau}{\upsilon}\left(\frac{\sigma-1}{\sigma}\right)^{\sigma}\left(\frac{\varphi}{c}\right)^{\sigma-2}\frac{\theta}{f}\frac{E}{P}>0 \tag{2-37}$$

$$\frac{\partial\lambda(\varphi,\theta)}{\partial\theta}=\frac{1}{\upsilon'}\left[\frac{1-\tau}{\upsilon}\left(\frac{\sigma-1}{\sigma}\right)^{\sigma}\left(\frac{\varphi}{c}\right)^{\sigma-1}\frac{\theta}{f}\frac{E}{P}\right]^{\frac{1}{\upsilon'}-1}$$

$$\frac{1}{f}\frac{1-\tau}{\upsilon}\left(\frac{\sigma-1}{\sigma}\right)^{\sigma}\left(\frac{\varphi}{c}\right)^{\sigma-1}\frac{E}{P}>0 \tag{2-38}$$

式（2-37）和式（2-38）表明，企业生产率水平和固定投入效率的提高有助于制造业企业出口产品质量的提升，具体来讲，当企业自身的生产率水平和固定投入效率越高的时候，制造业企业所需要投入的可变成本和固定成本就越低，从而能够有更为充足的资金保障来进行出口产品质量升级活动。因此，生产性服务业开放对制造业出口产品质量的作用机制主要包括以下两个方面：

2.3.3.1 生产率水平作用机制

第一，生产性服务业开放使得国外服务企业进入国内市场面临的障碍壁垒大幅度减少，可以为制造业企业的生产活动提供种类更多、质量更优、价值更大的生产性服务中间投入，直接带动了企业生产率水平的提升（Halpern et al.，2015；侯欣裕等，2018）。第二，生产性服务要素普遍具有高增加值、高知识性的贸易特征，生产性服务业开放加速了国内制造业企业生产要素的引进更新，通过消化吸收再创新充分发挥"干中学"效应，突破更多的原创性、关键性要素不足的制约，为制造业企业生产率提高奠定出良好的高端要素基础（Fernandes and Paunov，2012；陈明和魏作磊，2018）。第三，以产业链和供应链上的专业化分工机制为基础，生产性服务业开放使得其与制造业的产业间联动互补效应得到增强，推动下游的制造业企业更加易于获得规模经济和范围经济优势，从而促使其生产率水平的提高（蒙英华和尹翔硕，2010；邱爱莲等，2016）。

2.3.3.2　固定投入效率作用机制

一方面，在生产性服务业开放趋势的引领下，国内制造业企业纷纷将低效率的服务环节进行服务外包，集中要素资源专注于核心制造环节。无论是与国内跨国服务分支机构开展的在岸外包业务，还是借助于互联网等信息技术手段进行的离岸外包活动，都能够减少生产性服务业管制措施所带来的资源错配问题，实现制造业企业固定投入中要素资源的优化配置（Amiti and Wei，2009；陈晓华等，2019）。另一方面，生产性服务要素作为制造业企业固定投入的重要构成部分，通过引入外部竞争者和国外供应商，生产性服务业开放使得国内制造业企业在产品生产、运营管理、售后服务等方面所消耗的固定投入成本下降，尤其是在产品范围调整、市场信息搜寻以及目标客户维护等领域促进效果更为明显，进而实现制造业企业固定投入效率的有效提升（李杨等，2018）。总体而言，通过上述分析可以得到如下的关系表达式：

$$\frac{\partial \varphi}{\partial PSOI} > 0 , \quad \frac{\partial \theta}{\partial PSOI} > 0 \qquad (2-39)$$

其中，$PSOI$ 表示生产性服务业开放程度，结合式（2-37）和式（2-38）的主要结论，进一步地，本书得出存在以下的关系：

$$\frac{\partial \lambda}{\partial PSOI} = \frac{\partial \lambda}{\partial \varphi} \frac{\partial \varphi}{\partial PSOI} = \frac{\partial \lambda}{\partial \theta} \frac{\partial \theta}{\partial PSOI} > 0 \qquad (2-40)$$

本书基于产品质量内生决定的理论框架，发现生产性服务业开放对于制造业出口产品质量来说，存在着生产率水平和固定投入效率两大作用机制。图 2-3 给出了对应的影响机制框架。

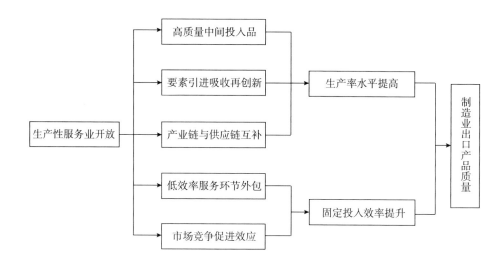

图 2-3　生产性服务业开放对制造业出口产品质量的影响机制

基于以上的理论机制分析，本书提出如下假设：

假设 5：生产性服务业开放有利于提升制造业企业的出口产品质量。

假设 6：生产率水平和固定投入效率的提高是生产性服务业开放提升制造业出口产品质量的重要机制。

2.4　本章小结

本章以不同产品间的横向升级和同一产品内的纵向升级为研究维度，基于制造业出口技术复杂度、出口国内附加值率和出口产品质量研究领域内的最新理论模型，从微观企业层面建立起生产性服务业开放与制造业出口产品升级之间的理论框架，通过数理模型推导分析生产性服务业开放对制造业企业出口产品升级活动的影响，并且重点关注探讨其相应的作用机制，主要的研究结论如下：

第一，基于 Melitz（2003）建立的异质性企业贸易模型，通过将出口技术复杂度引入消费者效用函数，并且在成本函数和技术创新函数中考虑到生产性服务业开放因素，研究发现在市场均衡和自由贸易均衡的情形下，生产性服务业开放可以降低制造业出口企业的海外市场进入、分销网络建立、服务要素投入价格等固定成本和可变成本，同时释放出生产性服务高端要素所内含的知识潜能和技术外溢效应，实现技术创新成果扩散传播和充分共享，从而推动制造业企业出口技术复杂度水平的提高，表明降低出口成本和推动技术创新是生产性服务业开放提升制造业企业出口技术复杂度的重要机制。

第二，利用 Kee 和 Tang（2016）构建的制造业出口国内附加值率理论模型，推导得出成本加成和国内外中间品相对价格是影响出口国内附加值率的主导因素。一方面，生产性服务业开放借助于服务要素和制造业要素的有效融合，一定程度上降低了制造业企业的出口边际成本，同时以差异化产品竞争优势获得较高的价格水平，达到提高出口企业成本加成的目的。另一方面，由于国外生产性服务中间品的大量进入，促使国内上游市场厂商不得不降低其市场价格，同时也扩大了制造业出口企业选择中间品的范围种类，带来国内中间品价格水平的持续下降。由此可知，生产性服务业开放通过提高企业成本加成和降低国内中间品价格，促进制造业企业出口国内附加值率的提升。

第三，借鉴 Hallak 和 Sivadasan（2009）、Khandelwal 等（2013）提出的产品质量内生决定的理论模型，梳理发现生产率水平和固定投入效率是制造业企业出口产品质量的重要影响因素。从生产率水平的角度来看，生产性服务业开放能够为制造业出口企业提供更多的高质量中间投入品，通过生产要素的引进吸收再创新和产业链与供应链的联动互补，直接提高制造业企业的生产率水平。从固定投入效率的角度来看，在生产性服务业开放的推动下，制造业出口企业将低效率的服务环节进行外包，专注于具有优势的核心制造环节，同时因为外部竞争者和国外供应商的存在，产生出良好的市场竞争促进效应，进而实现固定投入要素资源的优化配置。因此，提高生产率水平和固定投入效率是生产性服务业开放提升制造业企业出口产品质量的作用路径。

3 中国生产性服务业开放与制造业出口的特征事实

3.1 中国生产性服务业开放基本现状

3.1.1 中国生产性服务业开放的演变历程

改革开放 40 多年来，在对外开放总体战略深入推进的基础前提下，中国生产性服务业不断加快渐进式改革和有序开放步伐，实现了自身的开放广度和深度的持续扩大。尽管在改革开放的初期阶段，中国生产性服务业开放的进程较为缓慢，但是随着服务全球化的趋势日益增强，生产性服务业的经济影响力与日俱增，尤其是加入世界贸易组织之后，生产性服务业开放更是成为中国对外开放的重点环节和突出领域。回顾中国生产性服务业开放的主要发展历程，大致可以划分为以下四个阶段：

第一阶段：起步发展期（1978~1990 年）。1978 年，中国开启了改革开放的历史新进程，国民经济的主要行业逐渐与世界经济相互接轨融合。1979 年，《中华人民共和国中外合资经营企业法》由全国人大制定并颁布实施，标志着外国资本进入中国市场进程的启动；同年 4 月，中央工作会议出台发展对外贸易、增加外汇收入的通知要求，确定鼓励商品出口以及推行税收优惠政策，但是仅涉及交通运输业，并没有涵盖其他生产性服务业。随后设立的深圳、珠海、汕头、厦门经济特区，其发展重点主要是加工贸易的进出口活动。1979~1990年，在中国利用外商直接投资的总量规模中，服务业所占比重超过了1/3，催生出服务业利用外资的第一次高潮，然而主要集中在旅游服务、酒店餐饮等生活消费性服务业。受限于社会经济条件与产业基础，这一时期的生产性服务业占比很低，同时与制造业和其他服务行业相比，生产性服务业开放的总体进度较为滞后，面临着合作方式、外资比例等众多开放限制，整体上仍然处于早期的起步发展阶段。

第二阶段：迅速扩大期（1991~2001年）。1992年，党的十四大提出要建立起社会主义市场经济体制，解决了计划与市场之间关系的长期争论，加快了国内国外两个市场的有效衔接，也为生产性服务业开放创造出良好的制度环境。同年，国务院作出的《关于加快发展第三产业的决定》，明确要求"扩大开放加快发展第三产业的步伐"。1997年召开的党的十五大同样指出"有步骤地推进服务业对外开放"，一系列的政策方针打破了生产性服务业开放相对落后的局面。20世纪90年代初，中国积极参与"乌拉圭回合"谈判和《服务贸易总协定》（GATS）的制定，同时为了全力恢复关税与贸易总协定（GATT）初始缔约国的地位，中国向世界贸易组织递交服务业自由化初步承诺开价单，并作出开放金融、电信、法律、分销等诸多生产性服务细分行业的承诺。2001年正式加入世界贸易组织之后，中国出台了《外商投资产业指导目录》《"十五"期间加快发展服务业若干政策措施的意见》等法规，有步骤地扩大生产性服务业对外开放，放宽服务业市场准入条件和资质要求。总体而言，这一阶段的生产性服务业开放由最初的限制禁止转化为鼓励开放，银行保险、交通运输以及批发零售行业外资吸纳能力显著增强，生产性服务贸易规模总量逐年扩大增长。

第三阶段：全面开放过渡期（2002~2006年）。根据中国加入世界贸易组织时所约定的协议条款，这一阶段为推进全面对外开放的调整过渡期。在这一阶段中，针对《服务贸易总协定》包括的9大类、将近100个小类服务部门，尤其是以金融、通信、运输、分销、专业商务服务为代表的生产性服务业，中国大幅度削减贸易壁垒和垄断性措施，最终需要达到的行业开放程度几乎接近于发达国家水平，截至 2006 年底，中国所作出的生产性服务业开放承诺基本全部得到履行兑现，积累了良好的全面开放前期基础。在"入世"效应的有力带动下，中国服务贸易保持着年均 20% 左右的增长速度，2003 年首次突破 1000 亿美元大关，位居全球服务贸易的领先水平。与此同时，生产性服务业利用外资的增长速度和总体占比得到显著提升，其外商直接投资占比由 2002 年的 12.4% 提高至 2006 年的 20.7%。但是这一时期中国服务业的外资利用结构并不均衡，加之生产性服务业的产业基础薄弱，使得外资过多地集中于房地产业等传统服务行业，而科学研究和信息服务等知识技术密集型行业吸引外资规模较为有限，导致中国生产性服务业的开放层次有待进一步提升。

第四阶段：全面开放新格局时期（2007 年至今）。2007 年之后，中国生产性服务业开放进入到全面开放的新发展阶段，无论是从领域范围覆盖还是从开放质量水平来看，均取得了前所未有的突破增长，成为中国扩大对外开放战略的重要支撑点。2007 年 3 月，国务院颁布的《关于加快发展服务业的若干意见》中指出要有力推进生产性服务领域开放和承接国际服务外包业务，积极引进法律咨询、审计会计、技术研发、工业设计等生产性服务。《外商投资产业指导目录》相继进行多次修订，在不断增加生产性服务行业鼓励类条目的同时，持续减少相应的限制类和禁止类条目。党的十八届三中全会再次明确要加快金融等生产性服务领域有序开放，放开相关行业的外资准入限制。

2013 年 9 月，中国第一个自由贸易试验区上海自贸试验区正式挂牌成立，自由贸易试验区所实施的高水平贸易和投资便利化举措为生产性服务业开放注入了新的动力。2015 年，北京市获批成为全国首个服务业扩大开放综合试点地区，在生产性服务主要重点领域开展先行先试和政策探索工作；之后在天津、上海、海南、深圳等 15 个省市区域进行服务贸易创新发展试点，探索出符合地区实际的生产性服务业开放路径模式。2020 年以来，《海南自由贸易港建设总体方案》《海南自由贸易港鼓励类产业目录（2020 年本）》相继公布实施，生产性服务业成为海南自由贸易港的产业发展重点，2021 年 4 月，中国服务业扩大开放综合试点地区再度扩容，增设天津、上海、海南、重庆4个试点省市，与北京市示范区形成"1+N"的服务业对外开放格局，将以制度型开放方向为总体引领，打造出中国生产性服务业开放的新高地。

3.1.2　中国生产性服务业开放的主要现状

3.1.2.1　中国生产性服务业对外贸易现状

随着中国对外开放进程的加快，生产性服务贸易规模也在快速扩大。如图3-1所示，从总体规模上来看，无论是出口额还是进口额，中国生产性服务贸易均呈现出逐年上升的发展态势，而且进口额一直略高于出口额，整体上处于贸易逆差的基本局面。从贸易规模占比来看，服务贸易中的生产性服务贸易所占比重同样也在稳步提高，2014年之后达到服务贸易总量的一半以上。截至2020年底，中国生产性服务贸易进出口总额约为4845亿美元，占到当年服务贸易进出口总额的65.72%。面对着2008年金融危机以及新冠疫情等一系列不利冲击，中国生产性服务贸易的总量规模不仅没有出现萎缩下降，反而继续保持着逆势增长的基本趋势，表现出强大的发展韧性和活力，成为新时代全面开放格局的重要组成部分。

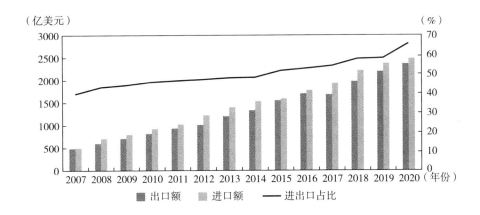

图3-1　2007~2020年中国生产性服务贸易进出口总量规模

资料来源：历年《中国统计年鉴》以及《中国服务贸易统计（2015）》。

作为生产性服务贸易的重要结构特征，中国不同细分行业的贸易总量表现出巨大的发展差异。从图3-2中可以得出，生产性服务贸易行业结构呈现出明显的两极分化，规模较大的行业主要有运输服务、其他商业服务、电信、计算机和信息服务以及知识产权使用费，而金融服务、保险服务以及维护和维修服务的贸易规模普遍偏小，两大类行业的平均贸易差额超过10倍；从贸易总量的增长速度来看，2007~2020年这一时期，电信、计算机和信息服务以及其他商业服务的贸易规模取得了突飞猛进的增长，尤其是在数字经济时代来临的推动下，以数据要素为载体的电信、计算机和信息服务贸易将会迎来空前的增长机遇，也会为生产性服务贸易带来良好的发展潜力。

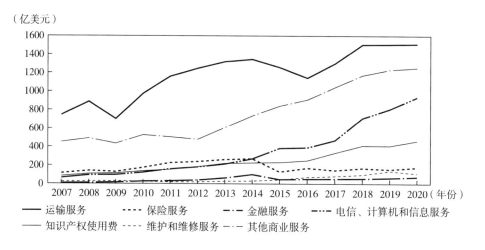

（亿美元）

图3-2 2007~2020 年中国生产性服务贸易进出口主要结构

资料来源：历年《中国统计年鉴》以及《中国服务贸易统计（2015）》。

衡量不同国家服务贸易开放程度的代表性指标主要有世界银行和经济合作与发展组织（OECD）发布的服务贸易限制指数（Services Trade Restrictiveness Index，以下简称 STRI 指数）。相较于世界银行 2012 年公布的 STRI 指数，OECD 提供的服务贸易限制指数具有覆盖行业广、持续时间长以及数据时效性较强等优势，利用服务行业、政策领域、政策条款、具体措施四个层次的评估框架，综合考虑了外资准入、人员流动、竞争壁垒、监管透明度以及其他歧视性措施。OECD 公布的生产性服务贸易限制指数取值范围为 0 至 1 之间，0 表示完全开放，1 表示完全限制，这一限制指数的数值越大，表示该行业的开放程度越低。

表 3-1 给出了 2021 年全球主要国家的生产性服务贸易限制指数，由其可以看出中国大部分生产性服务行业的服务贸易限制指数高于美国等发达国家，会计服务、邮政快递、电信服务依次为服务贸易限制指数最高的行业。以会计服务为例，2021 年中国的 STRI 指数为 0.727，远远高于同时期的发达国家（美国为 0.153、日本为 0.174），甚至高于同为发展中国家的巴西（0.340）和南非（0.259），仅仅低于印度（0.811）；再以批发零售和工程咨询为例，中国的 STRI 指数水平明显低于其他发展中国家，如印度为 0.238、巴西为 0.279、南非为 0.227；并且其行业对外开放程度与发达国家相差不大，例如同时期英国为 0.158、法国为 0.128。总体而言，中国部分生产性服务行业的贸易开放程度已经超过发展中国家，但是与美国、英国等发达国家相比，仍然存在一定的发展水平差距，因此需要进一步放宽生产性服务贸易开放限制，充分扩大中国生产性服务贸易的增长空间。

表 3-1 2021 年全球主要国家生产性服务贸易限制指数

行业	中国	印度	巴西	南非	美国	英国	法国	日本
物流仓储	0.235	0.352	0.341	0.270	0.198	0.154	0.171	0.130
物流货代	0.194	0.264	0.277	0.268	0.206	0.126	0.123	0.159
物流报关	0.203	0.277	0.276	0.266	0.222	0.139	0.136	0.116
邮政快递	0.721	0.538	0.566	0.475	0.364	0.165	0.111	0.229
铁路货运	0.239	1.000	0.283	0.309	0.158	0.161	0.200	0.175
公路货运	0.209	0.279	0.334	0.181	0.181	0.150	0.172	0.113
海洋运输	0.284	0.346	0.347	0.260	0.355	0.136	0.187	0.170
航空运输	0.407	0.538	0.306	0.458	0.533	0.223	0.360	0.383
批发零售	0.157	0.407	0.223	0.190	0.134	0.103	0.170	0.095
工程咨询	0.155	0.238	0.279	0.227	0.205	0.158	0.128	0.082
会计服务	0.727	0.811	0.340	0.259	0.153	0.277	0.409	0.174
商业银行	0.324	0.477	0.383	0.302	0.196	0.157	0.162	0.180

续表

行业	中国	印度	巴西	南非	美国	英国	法国	日本
保险服务	0.348	0.519	0.370	0.178	0.287	0.139	0.107	0.142
法律服务	0.478	0.883	0.355	0.302	0.192	0.186	0.594	0.527
计算机服务	0.266	0.236	0.299	0.205	0.149	0.142	0.145	0.111
电信服务	0.667	0.348	0.271	0.302	0.150	0.099	0.130	0.234

资料来源：OECD 数据库。

3.1.2.2 中国生产性服务业外资开放现状

外资开放是中国生产性服务业对外开放的主要构成，通过引入更多的外资和对外直接投资活动可以有效地提升行业开放的整体水平。如图 3-3 所示，从外商直接投资即 FDI 活动来看，2007 年以来中国生产性服务业 FDI 总量保持着不断扩大的基本趋势，与之相随的是 FDI 总量占比也在连年上升，尽管 2018 年出现一定程度的下滑，然而很快恢复到历史同期水平，2020 年中国生产性服务业实际利用外资总额达到 848.26 亿美元，占到当年服务业实际利用外资总额的 80.38%。从对外直接投资活动即 OFDI 角度来看，虽然 2017 年之后总体规模有所下降，但是中国生产性服务业 OFDI 总量依然表现出持续增长

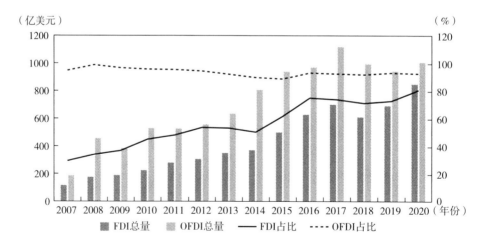

图 3-3　2007~2020 年中国生产性服务业外资开放总体情况

资料来源：历年《中国统计年鉴》以及相应年份的《中国对外直接投资统计公报》。

的良好态势，截止到2020年底实现对外直接投资总额1006.98亿美元。近年来在"走出去"步伐加快的宏观背景下，中国服务业对外直接投资活动主要是以生产性服务业为主，其所占比重一直保持在90%以上。简言之，无论是中国生产性服务业FDI总量还是OFDI规模，两者都呈现出稳定增长的总体趋势，在服务业外资开放活动中发挥着举足轻重的关键性作用。

从生产性服务业各细分行业的FDI占比来看，如图3-4所示，2007~2016年，租赁和商务服务业、批发和零售业成为吸引外资能力最强的生产性服务细分行业，年平均占比均在20%以上，其他生产性服务行业的外资规模扩大则相对缓慢滞后。然而自2017年以来，高附加值、高技术含量的生产性服务行业出现了"井喷式"增长，其中以科学研究、技术服务和地质勘查业以及信息传输、计算机服务和软件业最为典型，上述行业的FDI占比由2007年的不到15%迅速增加到2020年的40%左右，行业整体的外资吸纳能力得到显著提升，也从侧面反映出中国生产性服务业FDI结构正在加速升级，不断迈向全球服务业价值链的中高端环节，产业国际竞争力和市场影响力日益增强。

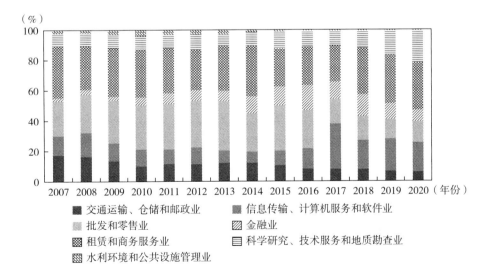

图3-4 2007~2020年中国生产性服务业细分行业FDI占比

资料来源：历年《中国统计年鉴》。

目前被广泛运用于测算全球不同国家外资开放水平的指标是经济合作与发展组织（OECD）提供的外商投资限制性指数（以下简称 FDI 限制指数），这里同样以该数据指数为基础来比较中国与其他国家的生产性服务业外资开放程度。FDI 限制指数主要是从外国股权限制、歧视性筛选或审批机制、外国雇员聘用要求以及土地使用、资金回流等其他经营限制这些维度来进行衡量，指数取值范围介于 0（完全开放）到 1（完全封闭），数值越大代表该行业所受到的外资管制条件越多，则其外资开放程度越低。这一限制指数行业领域涵盖了交通运输、批发零售、电信服务、金融保险、会计审计以及信息技术服务等一系列的生产性服务细分行业。

图 3-5 展示了 1997~2020 年主要代表性国家的生产性服务业外资开放水平，可以看出除俄罗斯外，绝大部分国家均在持续地削减生产性服务业外资开放壁垒，使得本国的生产性服务业外资限制指数不断下降，其中以中国的下降幅度最为明显，其指数大小从 1997 年的 0.625 减少至 2020 年的 0.214，行业总体降幅高达 65.86%。从不同国家的总体限制水平来看，截至 2020 年底，中国、印度与俄罗斯三个国家的生产性服务业 FDI 限制指数相对较大，说明上述国家生产性服务业所面临的外资开放程度仍然偏低，行业内外资进入以及经营活动开展还受到诸多的管制标准与约束要求。

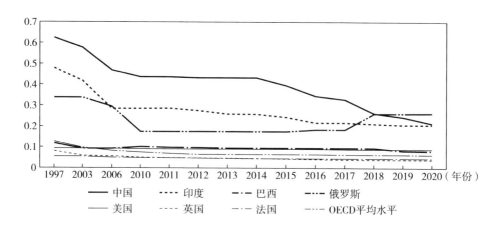

图 3-5　1997~2020 年主要国家生产性服务业外资限制指数变动趋势

资料来源：OECD 数据库。

由图 3-5 可知，中国的生产性服务业外资开放存在两个典型的发展阶段：第一阶段为 1997~2006 年，中国在这一阶段加入了世界贸易组织（WTO），遵照"入世"相关协议对各个生产性服务细分行业进行了大幅度的放开，2006 年初步总体实现加入 WTO 的开放承诺要求；第二阶段为 2014 年至今，自从上海自贸试验区成立以来，率先探索准入前国民待遇加负面清单管理模式，涉及生产性服务业的特别管理措施缩减比例达到 75% 左右，2018 年我国在全国范围内全面推行外资准入负面清单模式，使得生产性服务业的外资开放力度得到有效增强。但是同时也要清晰地认识到中国生产性服务业外资限制指数依然显著高于欧美等发达国家和 OECD 国家平均水平，生产性服务行业垄断程度过高、外资进入障碍较多以及外资利用效率低下等问题尚未得到根本性解决，应当完善畅通生产性服务各领域内外资开放的路径机制。

3.2 中国制造业出口发展现状

3.2.1 中国制造业出口的总体规模

中华人民共和国成立之初，面对复杂的国内外经济形势，同时为了扭转工业基础极其薄弱的局面，中央政府确定了优先发展重工业的基本战略。尽管中国的工业总产值在一段时期内实现了快速扩大，但是落后的农业国事实并没有得到根本性改变，重工业的总体规模与当时所处的经济发展阶段并不协调，要素禀赋的比较优势没有得到发挥，导致出现资源浪费、效率低下以及经济增长乏力等问题。1978 年底，党的十一届三中全会做出了以经济建设为国家的工作重心，实行改革开放的伟大决策，不再过度依赖于发展重工业，而是立足于廉价丰富的劳动力资源优势，重点发展劳动密集型等出口加工导向型产业，中国制造业出口从此迈入了全面增长的繁荣期。

如图 3-6 所示，自 1978 年以来，中国制造业出口规模发展十分迅速，从制造业出口总额来看，1978 年仅为 97.5 亿美元，不到 100 亿美元，2020 年中国制造业出口总额为 25900 亿美元，扩大了将近 260 倍，表现出明显的出口规模扩张特征。就制造业出口增长率而言，20 世纪 80 年代之后，虽然速度有所下降但是仍然长期处于两位数的增长水平，尤其是在 2001 年加入世界贸易组织之后，一直到 2007 年的年平均增长率高达 26%，显著高于同时期国内生产总值的增长速度。除了受到 2008 年金融危机和 2015~2016 年全球经济形势总体低迷的影响，其他时期中国制造业出口始终保持着正增长率态势。从制造业出口额占 GDP 比重来看，1978 年制造业出口占 GDP 比重为 4.56%，随后这一比重连年稳步提高，2006 年达到历史最高水平 35.36%，目前下降至 2020 年的 17.65%，但是依然处于较为良好的发展水平。

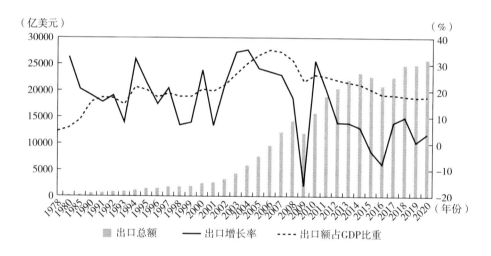

图 3-6　1978~2020 年中国制造业出口总额、增长率及其占 GDP 比重

资料来源：历年《中国统计年鉴》。

中国制造业出口总量规模在快速扩张的同时，其在世界出口总额中所占的比重也在迅速上升，我国制造业出口占货物总出口额的比重同样由 1980 年的 43.29% 增加到 2020 年的 94.37%，可见中国货物出口格局中制造业出口居于绝对主导地位。如图 3-7 所示，改革开放的初期中国制造业出口占世界出口总额的比重不到 1%，尽管 2015 年之后比重略有下降，但是 2020 年再创历史新高达到 14.7%，制造业出口占比不断上升的总体趋势没有发生改变。与此同时，中国制造业出口规模的世界排名也在持续上升，从 1980 年的第 26 位跃升至 2009 年的第 1 位，先后超过美国、德国、日本等传统的制造业出口大国，连续多年稳居世界第一大制造业出口国。

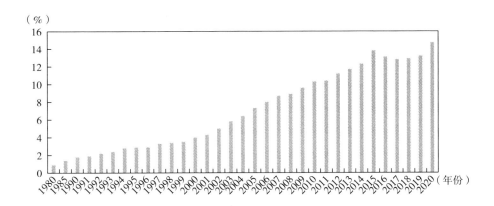

图 3-7　1980~2020 年中国制造业出口占世界出口总额的比重

资料来源：历年《中国贸易外经统计年鉴》。

3.2.2　中国制造业出口的主要结构

中国制造业出口的变化不单单是总量规模的大幅增长，也涵盖不同细分行业出口结构的转型升级。如图 3-8 所示，2005~2020 年中国绝大部分制造业细分行业的出口额连年增加，总体出口趋势表现出很强的联动一致性。出口总额增长幅度最大的行业是计算机及通信电子设备制造业，从 78.26 亿美元增加到 6294.90 亿美元，增长幅度高达 80.69 倍；造纸印刷及文教用品制造业的增长幅度最小，但是其增幅同样也达到 9.25 倍。

从不同细分行业出口总额来看，2005 年服装羽绒及皮革制造业、纺织业以及木材加工及家具制造业居中国制造业出口前三位，这三类行业都是传统的劳动密集型和资源密集型制造业，并且占到同期制造业出口总量的一半左右。然而截止到 2020 年底，以上三类行业的制造业出口占比均下降到 8% 以内，其

（亿美元）

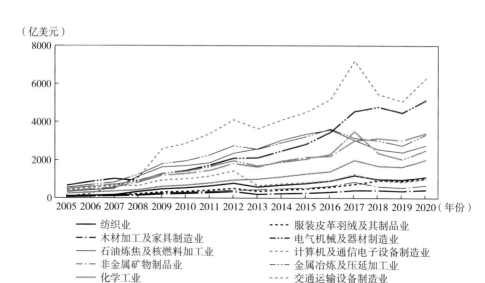

图 3-8　2005～2020 年中国制造业不同细分行业的出口额

资料来源：UN Comtrade 数据库。

中纺织业的下降幅度最大为 16.75%，计算机及通信电子设备制造业、电气机械及器材制造业以及交通运输设备制造业跃升为中国制造业出口三大细分行业，其行业出口占比分别是 19.24%、15.36%、12.08%，说明技术密集型行业发展成为中国制造业出口的主要构成。由此可知，中国制造业出口结构中高技术行业的地位作用日益突出，印证了中国制造业出口活动中存在着技术升级效应。

出口贸易方式的变化是中国制造业出口内部结构调整的重要表现。如图 3-9 所示，2000～2020 年，中国制造业出口格局内不同贸易方式所占的比重发生了显著的变化，呈现出加工贸易比重持续下降、一般贸易和其他贸易比重持续上升的总体特征。具体而言，2000～2010 年，我国制造业出口总量中加工贸易出口占比最高，一度达到 55% 以上。但是自 2011 年之后，一般贸易出口额实现反超，成为中国制造业出口的第一大贸易方式，并且所占比重仍然在不断提高，2020 年实现一般贸易出口额 15369 亿美元，占比达到历史最高水平 59.34%。然而加工贸易出口占比则一直萎缩，仅为同期出口总量的 27.12%

左右。中国的加工贸易是以低廉的劳动力和土地租金等优势为基础，承接简单的制造组装环节并形成最终产品销往国际市场，这一环节所能够实现的国内增加值很小。一般贸易出口则覆盖了研发设计、生产制造、品牌服务等全产业链与价值链环节，更能体现出中国强大的产业发展水平和产品制造能力，说明我国的制造业出口贸易方式正在加快转型优化。

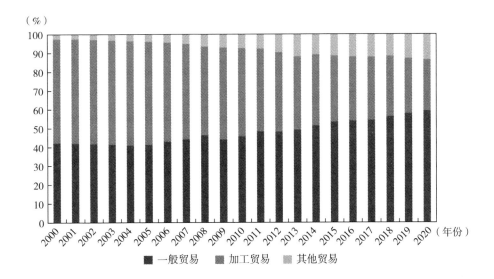

图 3-9　2000~2020 年中国制造业不同贸易方式的出口占比

资料来源：历年《中国贸易外经统计年鉴》。

由于社会主义市场经济体制的完善和对外开放步伐的加快，以外资企业、民营企业为代表的非公有制经济持续发展壮大，成为支撑中国制造业出口的中坚力量。图 3-10 给出了 2000~2020 年我国制造业国有企业、外资企业以及其他企业的出口结构变化状况，从中可以看出国有企业占比在不断下降，以民营企业为主的其他企业占比稳步提升，而外资企业所占比重相对稳定，总体波动变化幅度不大。2000 年国有企业出口所占比重为 48.52%，稍微高于外资企业的 46.08%，随后逐渐下降到 2020 年的 10.23%。2007 年外资企业占比达到最高水平 52.62%，之后不断下滑至 2020 年的 40.51%。以民营企业为主的其他企业占比则由 2000 年的不到 6% 迅速扩大至 49% 左右，增长幅度将近 8.17 倍，成长为制造业出口的主要企业类型，在彰显民营企业拥有巨大发展活力的同时，也折射出中国制造业出口的内生动力得到显著增强。

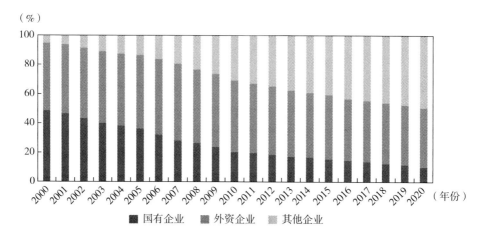

图3-10　2000~2020年中国制造业不同企业类型的出口占比

资料来源：历年《中国贸易外经统计年鉴》和《改革开放40年中国对外贸易发展报告》。

3.3　本章小结

本章通过梳理总结改革开放以来，中国生产性服务业开放和制造业出口的发展历程以及特征事实，初步揭示了生产性服务业开放与制造业出口升级的基本脉络。具体而言，中国的生产性服务业开放经历了以下四个阶段：从经济特区的起步发展，到市场经济体制建立和加入世界贸易组织后的迅速扩大，再到积极履行兑现行业开放承诺之后，进入到全面开放新格局时期，无论是领域范围还是开放水平，均实现了前所未有的突破性发展。

中国的生产性服务业开放主要包括对外贸易和外资开放两大方面，随着对外开放进程的加快，中国生产性服务贸易规模也在逐年扩大，电信、计算机和信息服务和其他商业服务的进出口规模增幅明显。尽管中国部分生产性服务细分行业的贸易开放水平超过发展中国家，但是与美国、英国等发达国家相比仍然有较大的开放程度差距。从外资开放角度来看，中国生产性服务业 FDI 和 OFDI 总量规模都表现出稳定增长的总体趋势，其中科学研究、技术服务和地质勘查业以及信息传输、计算机服务和软件业的增长尤为突出。中国生产性服务业 FDI 限制指数下降幅度显著高于其他主要国家，外资进入壁垒得到较大幅度的削减，然而依然高于欧美发达国家和 OECD 国家平均水平，外资开放水平有待进一步提升。

出口总量规模扩张和出口结构优化升级是中国制造业出口的典型特征。从总体规模来看，除了个别年份以外，中国制造业出口始终保持着正增长态势，年均出口总额连创新高，长期处于货物出口格局的绝对主导地位，同时在世界出口总额中所占的比重呈现出不断上升趋势，使得中国连续多年稳居全球第一大制造业出口国。从主要结构来看，以计算机及通信电子设备制造业、电气机械及器材制造业以及交通运输设备制造业为代表的技术密集型行业逐渐成为中国制造业出口的主要构成；不同贸易方式呈现出加工贸易比重持续下降、一般贸易和其他贸易比重持续上升的重要特征，其中一般贸易出口所占比重最高，反映出较强的产业发展水平和产品制造能力；国有企业出口占比不断下降，以民营企业为主的其他企业出口占比稳步提升，而外资企业所占比重相对稳定，总体波动变化幅度不大，彰显出我国制造业出口具有强大的内生动力。但是应当指出的是全球价值链分工格局下中国制造业的总体地位并不高，出口活动中的产品技术含量、国内附加值率以及产品质量水平仍然存在较大的提升空间。

通过本章的分析可知，随着生产性服务业开放水平的不断提高，中国制造业出口同样实现了总量规模扩张和结构优化升级，即"量"的增长和"质"的提升，意味着生产性服务业开放可能会促进中国制造业的出口升级活动，然而上述分析是建立在国家行业等宏观层面，缺乏微观层面的分析佐证，并且中国制造业出口产品升级仍面临着诸多的挑战不足，因此需要深入到微观企业层面，进一步探讨中国生产性服务业开放对制造业出口产品升级活动的影响及其作用机制。

4　生产性服务业开放对中国制造业出口技术复杂度的影响

4.1　问题提出

随着改革开放基本国策的实施，中国凭借着自身廉价的劳动力、自然资源等禀赋优势全面地融入到国际分工体系之内，实现了对外贸易总体规模的快速增长，出口产品结构也由单一初级产品为主的劳动密集型、资源密集型产品，逐渐转向以机电产品为代表的资本技术密集型产品占据主导地位，制造业出口产品的横向升级方面取得积极进展。在这一发展过程中，中国整体的出口技术复杂度呈现出持续上升趋势，明显高于世界上同等收入水平的国家，同时与高收入水平的发达国家相比相差不大（Schott，2008；Jarreau and Poncet，2012）。但是也有研究指出中国制造业出口技术复杂度存在被高估的问题，原因在于加工贸易活动和地区出口不平衡现象，其与发达国家相比仍然有一定的差距（Yao，2009；戴翔和张二震，2011）。那么，如何推动中国制造业的出口产品横向升级活动即出口技术复杂度提升？其主要作用因素及其影响机制究竟是什么？这一问题成为国内外相关研究的关注焦点。

关于中国制造业出口技术复杂度的影响因素，已有文献主要是从以下两大维度特征来展开讨论：一是与国际贸易活动紧密相关的特征因素，例如外资进入和对外直接投资（Xu and Lu，2009）、贸易自由化便利化水平（殷宝庆等，2016；陈维涛等，2017）、全球价值链参与程度（刘琳和盛斌，2017；任英华等，2019）、人民币汇率变动（李宏和任家祺，2020）等方面；二是与地区发展状况或行业要素禀赋有关的特征因素，包括国内市场一体化（雷娜和郎丽华，2020）、知识产权保护（李俊青和苗二森，2018）、人力资本质量（姚战琪，2020）、产业协同集聚（徐紫嫣等，2021）等角度。此外，也有部分文献利用跨国数据分析了制度质量、技术水平、文化差异和出口技术复杂度之间的关系（戴翔和金碚，2014；Weldemicael，2015；Fan et al.，2018）。

尽管现有文献对中国制造业出口技术复杂度的升级开展了不同层次领域的研究，但是多从国家、地区或者行业层面进行探讨，缺乏微观企业层面的详细分析，而且尚未有文献从中国生产性服务业开放的角度出发，论证其与制造业出口技术复杂度的关系。基于这一背景，本章利用相应的微观企业匹配数据，系统地考察生产性服务业开放对制造业企业出口技术复杂度的影响，以及不同贸易方式、所有权属性、企业总体规模、行业技术水平下存在的异质性，并进一步检验生产性服务业开放作用于制造业企业出口技术复杂度的主要机制，同时考虑到地区制度环境对两者之间关系的影响，从而有效地促进中国制造业出口产品横向升级活动。

4.2 计量模型、变量选取与数据说明

4.2.1 模型设定

为了考察中国生产性服务业开放对制造业企业出口技术复杂度的影响，本书构建的基准计量模型如下：

$$\ln EXPY_{ijt} = \alpha_0 + \alpha_1 PSOI_{jt} + \beta X_{ijt} + \upsilon_i + \upsilon_t + \varepsilon_{ijt} \tag{4-1}$$

其中，下标 i 表示企业，j 表示行业，t 表示年份。被解释变量 $\ln EXPY_{ijt}$ 表示 t 年制造业行业 j 中企业 i 出口技术复杂度的对数值；核心解释变量 $PSOI_{jt}$ 表示 t 年制造业行业 j 所对应的生产性服务业开放指数；X_{ijt} 表示企业和行业层面一系列影响被解释变量和核心解释变量的控制变量；基准模型控制了企业固定效应 v_i 和年份固定效应 v_t，从而尽量降低企业特征以及年份时间冲击对回归结果的不利干扰；ε_{ijt} 表示随机扰动项。

4.2.2　变量选取

4.2.2.1　被解释变量

企业出口技术复杂度。本书利用 Hausmann 等（2007）提出的方法进行拓展，并借鉴盛斌和毛其淋（2017）对中国制造业微观企业出口技术复杂度的测算思路展开分析。首先，本书计算出某一种产品 k 的技术复杂度。

$$PRODY_k = \sum_c \frac{(x_{ck}/X_c)}{\sum_c (x_{ck}/X_c)} \times PGDP_c \tag{4-2}$$

其中，下标 c 和 k 分别表示国家和 HS6 位编码产品，x_{ck} 表示国家 c 产品 k 的出口额，X_c 表示国家 c 的出口总额，x_{ck}/X_c 表示国家 c 中产品 k 所占的出口份额，$(x_{ck}/X_c)/\sum_c(x_{ck}/X_c)$ 可以理解为国家 c 在产品 k 出口方面的显示性比较优势，$PGDP_c$ 表示国家 c 的人均实际GDP。区别于已有文献多从国家地区或者行业层面测度出口技术复杂度，本书基于样本量巨大的中国海关贸易数据库，从微观企业层面测度出口技术复杂度。中国海关贸易数据库主要记录了进出口企业在 HS8 位编码产品上的详细交易信息，这里需要将 HS8 位编码产品上的企业出口额加总到与之相对应的 HS6 位编码产品上，之后利用下式计算得出企业的出口技术复杂度：

$$EXPY_i = \sum_k \left(\frac{x_{ik}}{X_i}\right) \times PRODY_k \tag{4-3}$$

其中，x_{ik} 表示企业 i 产品 k 的出口额，X_i 表示企业 i 的出口总额，x_{ik}/X_i 表示企业 i 中产品 k 的出口在其总出口中所占的比重。值得注意的是，尽管 HS6 位编码对产品的分类已经较为细化，但是同一类别中的出口品质量依然具有很大的差异，Hausmann 等（2007）采用的方法并没有充分考虑到出口品质量方面的差异性，这样可能会高估低质量产品种类所对应的出口技术复杂度水平。为了解决这一问题，本书参考 Xu（2007）的研究思路，依据产品质量的不同对产品技术复杂度进行修正调整，相应的计算步骤为：

$$q_{ck} = \frac{price_{ck}}{\sum_n (\mu_{nk} \times price_{nk})}, \quad PRODY_k^{adj} = (q_{ck})^\theta \times PRODY_k \tag{4-4}$$

这里借助于产品的单位价值对出口产品质量水平进行衡量，$price_{ck}$ 表示国家 c 产品 k 的出口单价，$price_{nk}$ 表示其他国家 n 产品 k 的出口单价，μ_{nk} 表示其他国家 n 产品 k 出口额在世界上所有产品 k 总出口额中所占的比重，q_{ck} 衡量了国家 c 产品 k 的单位相对出口价格，其数值越大，则说明相应国家的出口产品质量水平越高。本书沿用 Xu（2007）、盛斌和毛其淋（2017）的做法，将系数 θ 设定为 0.2，利用单位相对出口价格对产品技术复杂度进行修正，在此基础上，将经过质量调整的产品技术复杂度加总到企业层面：

$$EXPY_i^{adj} = \sum_k \left(\frac{x_{ik}}{X_i}\right) \times PRODY_k^{adj} \tag{4-5}$$

表 4-1 报告了不同类型企业出口技术复杂度的变化趋势，总体而言，2000~2007 年中国总体企业和不同类型企业的出口技术复杂度均呈现出不断增长的发展态势。从贸易方式来看，加工贸易企业的出口技术复杂度普遍高于一般贸易企业，样本区间两者的均值分别约为 242 千美元和 195 千美元，进一步说明了加工贸易企业的出口技术复杂度水平较高，这也得到 Assche 和 Gangnes（2010）研究结论的验证支持。就变化幅度而言，一般贸易企业的上升幅度明显高于加工贸易企业的上升幅度，这也导致了两种类型企业之间的出口技术复杂度差距不断地缩小。

表 4-1 2000~2007 年中国不同类型企业出口技术复杂度的变化趋势

企业类型＼年份	2000	2001	2002	2003	2004	2005	2006	2007	变化幅度（％）
全部出口企业	180.37	199.27	204.36	211.41	240.79	252.84	264.59	283.61	57.24
加工贸易企业	213.23	220.83	224.13	207.43	256.05	264.39	265.03	285.62	33.95

年份 企业类型	2000	2001	2002	2003	2004	2005	2006	2007	变化幅度 （%）
一般贸易企业	165.90	174.94	175.89	195.45	216.70	239.33	243.18	257.07	54.95
进口企业	197.86	206.89	239.83	247.56	260.28	285.98	292.08	301.18	52.22
非进口企业	142.84	161.15	181.43	194.30	222.64	233.47	235.60	251.74	76.24
外资企业	206.10	257.87	215.51	249.83	271.13	297.90	304.25	306.23	48.54
本土企业	148.79	167.86	188.99	202.39	231.92	243.19	245.42	262.23	68.16

资料来源：笔者根据测算结果整理得到。

从企业是否进口来看，非进口企业的出口技术复杂度明显低于进口企业，表明进口企业通过利用国外技术含量更高的原材料与零配件实现了自身出口技术复杂度的提高。虽然进口企业和非进口企业的出口技术复杂度整体均在上升，但是非进口企业的增加幅度则显著高于同一时期的进口企业。

根据所有权属性的不同，本书又比较了本土企业和外资企业的出口技术复杂度，可以看出较之于本土企业，外资企业拥有更高的出口技术复杂度水平，Xu 和 Lu（2009）研究发现外资进入能够提高中国的出口技术复杂度和国际竞争力。本土企业和外资企业的差距由 2000 年的 58 千美元缩小至 2007 年的 44 千美元，而且本土企业的出口技术复杂度表现出相对更大的增长幅度。

4.2.2.2 核心解释变量

生产性服务业开放指数。已有研究主要关注生产性服务业开放的某一方面，如生产性服务贸易自由化（张艳等，2013；舒杏和王佳，2018）、生产性服务业外商直接投资总量（Arnold et al.，2011；顾雪芹，2020）、生产性服务业对外直接投资活动（陈明和魏作磊，2018），然而上述衡量指标均面临着较为明显的逆向因果的内生性问题，具体而言，正是由于生产性服务业扩大开放所产生的影响，才会带来生产性服务贸易规模、外商直接投资与对外直接投资总量不断扩张的结果。本书借鉴孙浦阳等（2018）、苏丹妮和盛斌（2021）的研究思路，从外资参股限制角度来探讨中国的生产性服务业开放进程，构建起相对外生的生产性服务业开放指数。

《外商投资产业指导目录》（以下简称《目录》）是目前囊括中国外资管制信息最为全面的政策文件，它详细规定了禁止、限制和鼓励外资进入的行业，其余未列出的则为允许类行业。《目录》中所涉及的行业划分与国民经济行业的分类标准并不一致。首先，本书通过识别《目录》中与国民经济四分位行业相同或相似的名称条目，实现不同行业标准的匹配统一。其次，对不同开放程度的生产性服务业进行赋值打分，具体做法为：禁止外资进入的行业赋值为1；限制外资进入的行业赋值为0.5；允许外资进入的行业赋值为0.25；鼓励外资进入的行业赋值为0，从而得到生产性服务细分行业的外资限制指标 $PSFDI$。最后，为了准确地衡量生产性服务业开放对不同制造业企业的影响程度，参照余淼杰（2011）、Bas（2014）的方法，选择各个制造业行业与上游生产性服务部门的投入产出系数作为权重，加权构造出制造业行业所对应的生产性服务业开放指标，具体如下：

$$PSOI_{jt} = 1 - \sum_s PSFDI_{st} \times \varphi_{sj} \tag{4-6}$$

其中，j 和 s 分别表示制造业行业和生产性服务行业；φ_{sj} 表示制造业细分行业 j 使用生产性服务 s 的产品作为中间投入占其总投入的比重，来自中国2002年122个部门的投入产出表，反映了制造业部门和生产性服务部门之间的投入产出关系[1]；为了更加直观地进行解释，本书采用1减去生产性服务业限制指数得到中国的生产性服务业开放指数，$PSOI_{jt}$ 的数值越大，说明制造业行业 j 上游的生产性服务业受到的外资管制程度越小，其开放程度越高。

4.2.2.3 控制变量

①企业全要素生产率（TFP），本书基于 Levinsohn–Petrin 方法（LP 法）估算出企业的全要素生产率，并取其对数形式。②企业规模（$SCALE$），采用企业全部从业人员年平均人数的对数值来表示。③政府补贴（SUB），采用企业当年获得的政府补贴收入的对数值来表示。④资本密集度（KL），利用固定资产净值年平均余额与企业从业人员年平均人数之比来衡量，同样取其对数形

---

① 鉴于生产性服务投入与制造业发展之间的相关性较强，可能会产生内生权重变化问题，本书借鉴邵朝对等（2020）、符大海和鲁成浩（2021）的做法，将投入产出表的时间固定在样本区间初期的2002年。

式,这里以 2000 年为基期,使用固定资产投资价格指数对固定资产净值年平均余额进行平减处理。⑤行业集中度（HHI),采用赫芬达尔指数即行业内企业市场份额的平方和来表示,公式为 $HHI_{jt} = \sum_{i \in \Omega_j} (sale_{it}/sale_{jt})^2$,$sale_{it}$ 为企业 i 在 t 年的销售额,$sale_{jt}$ 为行业 j 在 t 年的总销售额。⑥国有企业虚拟变量（SOE),将国有资本或集体资本占实收资本 50% 及其以上的企业定义为国有企业,若企业为国有企业,则 SOE = 1,反之 SOE = 0。⑦外资企业虚拟变量（FOE),将港澳台或非港澳台外资资本占实收资本 50% 及其以上企业定义为外资企业,若企业为外资企业,则 FOE = 1,反之 FOE = 0。

4.2.2.4 数据来源和处理方法

本章所使用的数据主要来源于 2000 ~ 2007 年的中国工业企业数据库、中国海关贸易数据库、CEPII-BACI 数据库、世界银行 WDI 数据库以及相应年份的《外商投资产业指导目录》和中国投入产出表。中国工业企业数据来自国家统计局,囊括了全部国有工业企业和主营业务收入大于 500 万元的规模以上非国有企业,既包括企业代码、企业名称、行业地区等企业识别信息,也涵盖工业总产值、固定资产、营业利润等财务数据。中国海关贸易数据库来自海关总署,详细记录进出口企业每个月度在 HS8 位编码产品层面的交易信息,包括产品编码与名称、交易数量与金额、来源地以及目的地等数据。法国国际展望与信息研究中心（CEPII)的世界贸易数据库（BACI)提供了 102 个国家的 5000 多种微观产品贸易数据,用于测算 HS6 位编码下的产品出口技术复杂度。不同国家的人均实际 GDP 数据来自世界银行 WDI 数据库。此外,还包括对应年份的《外商投资产业指导目录》和 2002 年中国 122 个部门的投入产出表,主要用于测算中国的生产性服务业开放指数①。

由于中国工业企业数据库和海关贸易数据库中的企业代码并不相同,并不能按照企业代码将两类数据直接进行使用②。本书需要将工业企业数据与海关贸易数据进行匹配合并。首先,在匹配之前采取以下方法对工业企业数据进行

---

① 《外商投资产业指导目录》分别于 1997 年、2002 年、2004 年进行了修订,本书在进行 2000 ~ 2001 年测度时使用 1997 年版本,2002 ~ 2004 年使用 2002 年版本,2005 ~ 2007 年使用 2004 年版本。

② 中国工业企业数据库中的企业代码为 9 位编码,而海关贸易数据库中的企业代码为 10 位编码,上述两大数据库属于不同的编码体系。

处理：①参照 Brandt 等（2012）的做法，使用法人代码、企业名称、法人代表姓名、地址等信息逐年匹配来识别同一家企业。②剔除不符合会计准则和统计指标异常的企业，如固定资产或者流动资产大于总资产、成立时间晚于统计时间、从业人员小于 8 人的企业。③剔除总产值、销售额、增加值、中间投入、固定资产合计等指标缺失、负值或零值的企业。④参考刘小玄和李双杰（2008）的估算方法，利用公式"工业增加值＝销售收入＋期末存货－期初存货－中间投入＋增值税额"对 2004 年缺失的工业增加值补充完善，并以 2000 年为基期对工业增加值、中间投入和资本等变量进行相应的价格指数平减。⑤2002 年中国国家统计局颁布了新的《国民经济行业分类表》，并于 2003 年正式开始实施，这里将 2000～2002 年样本企业对应的行业代码按照新的分类标准进行修正调整，同时保留两位数行业代码为 13～42 的 29 个制造业行业作为研究样本。其次，将中国海关贸易数据库中的月度数据汇总为年度数据，剔除掉产品出口目的地为中国的样本（Feng et al.，2016）；根据联合国贸易统计司所提供的 HS6 位码转换表，把 HS8 位码产品数据全部整合到 HS6 位码层面上，并将 HS 产品编码调整为前后保持一致①。最后，借鉴田巍和余淼杰（2013）、Yu（2015）的处理方法，按照以下两个步骤对工业企业数据和海关贸易数据进行匹配合并：第一，利用企业名称和年份进行匹配，之所以需要年份是因为同一企业在不同年份的名称可能不同；第二，采用邮政编码与电话号码后七位作为主要识别变量，对没有匹配成功的企业进行再次匹配。本章主要变量的描述性统计结果如表 4-2 所示。

表 4-2　主要变量的描述性统计

变量名称	符号	观测值	均值	标准差	最小值	最大值
企业出口技术复杂度	$\ln EXPY$	249114	5.6521	0.5705	4.5851	6.7760
生产性服务业开放指数	$PSOI$	249114	0.7493	0.0204	0.5754	0.9721

---

① 由于 2000～2007 年中国海关贸易数据库中产品编码有 HS1996 版本、HS2002 版本、HS2007 版本，而 CEPII-BACI 数据库所采用的是 HS1996 版本，为了保持前后一致性，本书通过利用相应的编码转换表将其全部统一为 HS1996 版本。

续表

变量名称	符号	观测值	均值	标准差	最小值	最大值
企业全要素生产率	TFP	249114	3.8564	0.1589	2.4256	9.2950
企业规模	SCALE	249114	5.4075	1.4446	2.0275	10.2413
政府补贴	SUB	249114	2.1761	0.9304	0.5241	5.4798
资本密集度	KL	249114	3.9076	1.0648	0.3472	6.4080
行业集中度	HHI	249114	0.0281	0.0059	0.0043	1
国有企业虚拟变量	SOE	249114	0.0452	0.2094	0	1
外资企业虚拟变量	FOE	249114	0.6683	0.4726	0	1

4.3 实证结果及分析

4.3.1 基准回归结果分析

表4-3报告了生产性服务业开放影响制造业企业出口技术复杂度的基准回归结果。第（1）列至第（7）列的估计结果表明，依次加入企业和行业层面的控制变量，生产性服务业开放与企业出口技术复杂度之间始终是显著正相关的，说明随着中国生产性服务业开放水平的提高，企业出口技术复杂度也会随之出现提升，即生产性服务业开放对制造业企业出口技术复杂度产生明显的推动作用。

表4-3 基准回归结果

变量	（1）	（2）	（3）	（4）	（5）	（6）	（7）
PSOI	0.1791**	0.1766**	0.2105**	0.2185***	0.2064**	0.2062**	0.2101**
	(0.0846)	(0.0847)	(0.0850)	(0.0848)	(0.0843)	(0.0843)	(0.0845)
TFP		0.0053	0.0218**	0.0234**	0.0263**	0.0262**	0.0259**
		(0.0095)	(0.0102)	(0.0101)	(0.0108)	(0.0108)	(0.0108)

续表

变量	（1）	（2）	（3）	（4）	（5）	（6）	（7）
SCALE			−0.0092***	−0.0106***	−0.0079**	−0.0079**	−0.0078**
			（0.0015）	（0.0015）	（0.0033）	（0.0033）	（0.0034）
SUB			0.0073***	0.0075***	0.0075***	0.0080***
			（0.0024）	（0.0024）	（0.0024）	（0.0024）
KL					0.0028	0.0029	0.0029
					（0.0032）	（0.0032）	（0.0033）
HHI						−0.8550*	−0.8573*
						（0.5034）	（0.5029）
SOE							−0.0061
							（0.0077）
FOE							−0.0005
							（0.0032）
常数项	5.4821***	5.4946***	5.4599***	5.4418***	5.4561***	5.4572***	5.4536***
	（0.0804）	（0.0824）	（0.0828）	（0.0831）	（0.0827）	（0.0828）	（0.0830）
企业效应	是	是	是	是	是	是	是
年份效应	是	是	是	是	是	是	是
观测值	249114	249114	249114	249114	249114	249114	249114
R^2	0.3369	0.3369	0.3367	0.3367	0.3372	0.3373	0.3373

注：括号内为稳健标准误，***、**、*分别表示在1%、5%、10%的统计水平上显著。本章下表同。

从控制变量的估计结果来看，企业全要素生产率的估计系数显著为正，这与预期基本上相符，生产效率较高的出口企业往往具有较好的技术创新能力，通过降低边际生产成本带动自身出口技术复杂度的提高。企业规模的影响系数在5%的统计水平上显著为负，说明规模较大的企业可能具有较低的出口技术复杂度，如中国出口主体中存在着许多规模较大的劳动密集型企业。政府补贴与出口技术复杂度是显著正相关的，表明政府补贴收入越多的企业具备良好的市场基础和产品升级经验，更加易于开展出口技术复杂度的提升活动。

资本密集度的估计系数为正，但是没有通过显著性水平检验，说明提高出口企业的技术复杂度水平面临着资本积累严重不足的制约因素。行业集中度的估计系数显著为负，意味着行业内市场竞争越为激烈，出口企业更会有意愿进行产品创新和工艺流程更新改造，加快其出口技术复杂度提升的步伐。国有企业和外资企业的虚拟变量的估计系数尽管为负，但是均没有通过相应水平的显著性检验。

4.3.2 稳健性检验

为了保证主要研究结论的稳健性，本书将从改变出口技术复杂度和生产性服务业开放的衡量指标、调整样本企业所处的时间区间以及考虑中国加入WTO带来的影响等方面来进行相应的稳健性检验。

4.3.2.1 改变出口技术复杂度的测算方法

尽管 Hausmann 等（2007）提出的方法被广泛应用于出口技术复杂度的测算，但是其测度体系下国家的人均实际 GDP 水平影响较大，容易带来"富国出口高复杂度产品，穷国出口低复杂度产品；高复杂度产品由富国出口，低复杂度产品由穷国出口"的循环结论（李小平等，2015）。

本书基于 Tacchella 等（2013）采用的迭代法，从普遍性角度重新定义出口产品技术复杂度，利用联合国商品贸易统计数据库（UN Comtrade）提供的出口数据，计算出国际贸易标准分类（SITC）三位编码层面下 260 种产品的出口技术复杂度（$PRODY_k^{new}$），之后以企业 i 总出口中产品 k 的出口占比作为权重，对产品的出口技术复杂度进行加权平均，从而计算得出新的企业出口技术复杂度（$EXPY_i^{new}$）。表 4-4 中第（1）列给出了以 $\ln EXPY_i^{new}$ 作为因变量的回归结果，可以发现生产性服务业开放的估计系数在 1% 的统计水平上仍然显著为正，再次证明了生产性服务业开放对于企业出口技术复杂度提升具有明显的促进作用。由此表明，本书的核心结论并没有因改变企业出口技术复杂度的测算方法而发生变化。

4.3.2.2 更换生产性服务业开放的衡量指标

已有研究多从外资总量或者生产性服务贸易规模等方面测度生产性服务业

表 4-4 稳健性检验

变量	（1）改变出口技术复杂度测算方法	（2）更换生产性服务业开放指标	（3）调整样本企业数据区间	（4）双重差分模型估计
PSOI	0.1941***		0.4281***	
	（0.0382）		（0.1328）	
PSFRI		0.1905**		
		（0.0737）		
Treat×Post				0.0954***
				（0.0168）
控制变量	是	是	是	是
企业效应	是	是	是	是
年份效应	是	是	是	是
观测值	249114	249114	115023	249114
R^2	0.3188	0.3372	0.2780	0.3375

开放程度，但是上述指标存在着逆向因果的内生性问题。本书参考周霄雪（2017）、符大海和鲁成浩（2021）的构建方法，以经济合作与发展组织（OECD）提供的外商直接投资限制指数（FDI Restrictiveness Index）为依据，对中国生产性服务业的外资管制状况重新进行测算，这一指标涵盖了外国股权限制、歧视性审批条件、外籍关键人员聘用以及其他经营限制，指数取值范围为 0 至 1 之间，0 表示完全开放，1 表示完全限制，数值越大代表该行业的外资管制越为严格[①]。由于数据年份的限制以及外资管制政策的相对稳定性，这里使用 1997 年的外资限制指数作为 2000 年的替代指标。借鉴余骁和郭志芳（2020）的研究思路，利用世界投入产出数据库（WIOD）公布的对应年份的中国投入产出表数据，以此来衡量生产性服务业与制造业细分行业之间的投入产出关系。表 4-4 中第（2）列汇报了相应的估计结果，生产性服务业开放的影响系数为 0.1905，而且通过了 5% 的显著性水平检验，表明扩大生产性服务业开放有利于提高企业出口技术复杂度。因此，虽然进行了生产性服务业开放

---

① 具体参见 https：//stats. oecd. org/Index. aspx？ datasetcode＝FDIINDEX。

衡量指标的更换，但是本书的主要结论依然是成立的。

4.3.2.3 调整样本企业的数据区间

由于2008年之后中国工业企业数据的总体质量较差，尤其是2009年和2010年的中国工业企业数据存在着严重的关键指标缺失、样本数值异常等问题，因而本书的基准研究区间截止到2007年，但是为了弥补样本区间时效性不强的缺陷，参照黄先海和卿陶（2020）的处理方法，使用2011~2013年的合并匹配数据对生产性服务业开放与制造业企业出口技术复杂度的关系再次进行检验。

基于国家发展改革委等部门颁布的《外商投资产业指导目录》2011年版本，重新对中国生产性服务业的外资管制程度进行赋值，同时利用2012年的中国投入产出表研究生产性服务业与制造业行业的投入产出关系，计算出制造业行业使用生产性服务产品作为其中间投入占到总投入的比重。关于企业出口技术复杂度的重新测算，这里同样以相应年份CEPII-BACI数据库提供的产品细分数据和世界银行WDI数据库中不同国家的GDP数据为基础。估计回归结果如表4-4中第（3）列所示，在经过调整样本企业的时间区间之后，生产性服务业开放指标通过了1%的显著性水平检验且系数为正，说明生产性服务业开放对制造业企业的出口技术复杂度仍然具有显著的正向提升作用。

4.3.2.4 基于中国加入WTO的双重差分模型估计

中国在2001年加入世界贸易组织（WTO）之后，大幅度削减各个生产性服务细分行业的准入条件限制，这也可以视作中国生产性服务业开放进程中重要的外生政策冲击。考虑到研究结论的稳健性，本书将中国加入WTO这一事件作为一项准自然实验，通过构建双重差分模型（Difference-In-Difference，DID）来估计生产性服务业开放对企业出口技术复杂度的影响。由于不同制造业行业对生产性服务投入的依赖程度并不相同，这里参照张艳等（2013）的划分方法，将处于高生产性服务依赖度行业的企业视为处理组，而将处于低生产性服务依赖度行业的企业视为对照组[①]，建立如下的双重差分模型进行

---

① 根据2002年中国42个部门的投入产出表，将生产性服务中间投入与总投入之比高于15%的制造业二分位行业定义为高生产性服务依赖度行业，其余行业则为低生产性服务依赖度行业。

检验：

$$\ln EXPY_{ijt}=\beta_0+\beta_1 Treat_j\times Post_t+\delta X_{ijt}+\upsilon_i+\upsilon_t+\varepsilon_{ijt} \tag{4-7}$$

其中，$Treat_j$ 为行业虚拟变量，若制造业企业所属的行业为高生产性服务依赖度行业，则 $Treat_j$ 的取值为 1，否则取值为 0；$Post_t$ 为时间虚拟变量，若样本年份是 2002 年及其之后的年份，$Post_t$ 的取值为 1，否则取值为 0；除此之外，其余变量的含义与式（4-1）相同。式（4-7）较为值得关注的是交互项 $Treat_j\times Post_t$，因为它刻画了生产性服务业开放对企业出口技术复杂度的因果效应，当其估计系数 β_1 显著为正时，表明加入 WTO 之后的生产性服务业开放有利于提高企业出口技术复杂度。由表 4-4 中第（4）列可知，交互项 $Treat_j\times Post_t$ 的估计系数为 0.0954，并且通过了 1% 的显著性水平检验，即生产性服务业开放对于制造业企业出口技术复杂度表现出显著的促进作用，从而证实了上文得到的主要核心结论是可靠的。

4.3.3 内生性问题处理

4.3.3.1 样本选择性偏差处理

现实中企业是否进行出口并不是完全随机的，或者说并非所有的企业都会参与到出口活动之中（Melitz，2003）。本书的样本企业中存在着大量的内销企业，如果对出口企业直接进行回归可能会产生潜在的样本选择性偏差，本书采用 Heckman（1979）提出的两阶段模型进行内生性检验，以解决样本选择性偏误的问题。具体而言，第一阶段为建立企业出口选择方程，基于 Probit 模型进行回归，从估计方程中得到逆米尔斯比率（IMR）；第二阶段则将获得的逆米尔斯比率加入本书的基准回归模型中，作为特定解释变量展开估计。第一阶段的出口选择模型设置如下：

$$\text{Probit}(export_{ijt}=1)=\rho_0+\rho_1 PSOI_{jt}+\rho_2 X_{ijt}+\upsilon_i+\upsilon_t+\varepsilon_{ijt} \tag{4-8}$$

其中，被解释变量 $export_{ijt}$ 为企业是否出口的虚拟变量，借鉴刘斌等（2016）的构建方法，当样本企业的出口交货值大于零时取值为 1，反之取值为 0，其余变量含义与基准回归方程一致，表 4-5 中第（1）列和第（2）列汇报了 Heckman 两阶段法的估计结果。从第一阶段的回归结果来看，生产性服务业开放的估计系数显著为正，说明生产性服务业开放可以提高企业出口参与水平；从第二阶段的回归结果来看，逆米尔斯比率（IMR）的估计系数通过了1%的显著性水平检验，表明基准回归分析中存在着样本选择性偏差，证明了采用Heckman两阶段模型处理样本选择偏误的合理性。与上文的基准回归结果相比，第二阶段中核心解释变量的系数符号大小和显著性水平均没有发生明显的变化，这也意味着虽然研究样本具有一定的选择性偏差，但是并未对本书主要核心结论产生实质性的影响。

表4-5 内生性检验结果

变量	（1）	（2）	（3）	（4）
	Heckman 两阶段法		工具变量法	
	第一阶段	第二阶段	第一阶段	第二阶段
$PSOI$	0.1265* (0.0613)	0.2360*** (0.0879)		
IMR		-0.1017*** (0.0075)		
$PSOI^{IV}$			0.7922** (0.3358)	
$PSOI$				0.2748*** (0.0115)
Kleibergen-Paap rk LM 统计量			706.64*** [0.0000]	
Kleibergen-Paap rk Wald F 统计量			552.81	
控制变量	是	是	是	是
企业效应	是	是	是	是
年份效应	是	是	是	是
观测值	298638	236270	213284	209466
R^2	0.4206	0.3287	0.5012	0.2168

注：Kleibergen-Paap rk LM 统计量括号内为P值，其余变量括号内为稳健标准误。

4.3.3.2 遗漏其他非观测因素处理

本书所研究的因变量是企业层面的出口技术复杂度，核心解释变量为行业层面的生产性服务业开放指数，两者之间互为因果的关联性不大，然而考虑到其他非观测因素如国际经济波动可能会影响出口技术复杂度和生产性服务业开放，假如基准模型中遗漏这些非观测因素，同样也会导致估计结果有偏和内生性问题产生。因此，本书通过构造出相应的工具变量，并采用两阶段最小二乘法（2SLS）来处理可能的内生性问题。

借鉴李宏亮和谢建国（2018）、张丽等（2021）的构建思路，这里采用巴西生产性服务业开放指数作为中国生产性服务业开放指数的工具变量，之所以选择这一工具变量，原因在于以下两个方面：一方面，一国或地区的生产性服务业开放政策往往与具有相近的经济发展进程、市场需求规模与产业保护程度的国家或地区表现出很强的相关性，中国与巴西同为新兴市场大国和发展中国家，经济社会发展阶段较为相似，两国不同产业间的经济互补性很强，在全球生产性服务市场上具有密切的合作关系，满足了工具变量相关性的要求。另一方面，巴西生产性服务业开放政策的制定是基于本国产业的实际发展状况，其开放进程并不会受到中国制造业企业的影响干预，从而符合工具变量外生性的要求。基于 Beverelli 等（2017）的研究方法，利用经济合作与发展组织（OECD）提供的巴西生产性服务业所对应的外商直接投资限制指数，采取与上文类似的方法得到巴西生产性服务业开放指数，计算公式如下：

$$PSFDI_{st}^{IV} = PSFI_{st}^{BRA} \times W_t^{CHN-BRA} \tag{4-9}$$

其中，$PSFI_{st}^{BRA}$ 表示巴西生产性服务业细分行业 s 在 t 年的外商直接投资限制指数，$W_t^{CHN-BRA}$ 代表加权所需的权重，选用中国与巴西的经济发展水平相似度来表示，其定义如下：

$$W_t^{CHN-BRA} = 1 - \left(\frac{PGDP_t^{CHN}}{PGDP_t^{CHN} + PGDP_t^{BRA}} \right)^2 - \left(\frac{PGDP_t^{BRA}}{PGDP_t^{CHN} + PGDP_t^{BRA}} \right)^2 \tag{4-10}$$

其中，$PGDP_t^{CHN}$ 和 $PGDP_t^{BRA}$ 分别表示 t 年中国与巴西的人均 GDP 水平，进一步地，以制造业部门和生产性服务部门之间的投入产出系数作为权重，得到所需要的工具变量指标为：

$$PSOI_{jt}^{IV} = 1 - \sum_s PSFDI_{st}^{IV} \times \phi_{sj} \tag{4-11}$$

表 4-5 中第（3）至第（4）列报告了相应的 2SLS 回归结果，在第一阶段回归结果中，工具变量的影响系数显著为正，表明对于本书的内生变量而言，

工具变量即巴西生产性服务业开放指数表现出很好的解释力和相关性。从第二阶段回归结果中可以看出，中国生产性服务业开放的估计系数仍然显著为正，说明控制了可能的内生性之后，本书的核心结论依然成立。

为了保证工具变量选择的有效性，这里基于 Kleibergen 和 Paap（2006）提出的方法对工具变量进行了一系列的检验。Kleibergen-Paap rk LM 统计量检验结果在 1% 显著性水平上拒绝了"工具变量识别不足"的原假设，Kleibergen-Paap rk Wald F 统计量明显大于 Stock-Yogo 检验 10% 显著性水平上的临界值16.38，同样是拒绝了"工具变量是弱识别"的原假设。由上述检验结果可知，本章所选取的工具变量是合理有效的，则在其基础上得到的 2SLS 估计结果是较为可信的。

4.3.4　异质性分析

本书将以贸易方式、所有权属性、企业总体规模以及行业技术水平四个不同的特征维度为研究切入点，进一步检验生产性服务业开放对制造业企业出口技术复杂度产生的异质性影响。

4.3.4.1　企业贸易方式

正如上文所发现的，不同贸易方式下企业出口技术复杂度水平表现出明显的差异性。因此，本书有必要探讨生产性服务业开放对不同贸易类型企业出口技术复杂度的影响作用。按照 Tang 和 Zhang（2012）的定义标准，将贸易活动中只要有加工贸易出口的企业就界定为加工贸易企业，而一般贸易企业为仅从事一般贸易出口的企业。估计检验结果汇报于表 4-6 中第（1）至第（3）列，可以看出尽管一般贸易和加工贸易的回归系数均显著为正，但是加工贸易的估计系数明显小于一般贸易，同时出于对稳健性考虑，本书以加工贸易企业为基准，在全样本回归中引入一般贸易企业虚拟变量（OT）与核心解释变量的交互项，发现一般贸易企业受到的促进作用更大。可能的解释是中国尽管以加工贸易的形式融入到国际分工格局之内，但加工贸易企业从事的大多为加工组装环节，很少涉及研发创新等高技术活动，导致其长期被锁定在全球价值链中较为低端的技术环节。一般贸易企业则充分利用生产性服务业开放所带来的技术溢出效应，实现自身研发空间和创新动力的持续扩大，进而达到提升企业出口技术复杂度的目的。

表4-6　异质性分析回归结果 I

变量	贸易方式			所有制属性		
	（1）	（2）	（3）	（4）	（5）	（6）
	一般贸易	加工贸易	全样本	本土企业	外资企业	全样本
PSOI	0.4152**	0.1278**	0.2387*	0.1536*	0.3907***	0.1413**
	（0.1657）	（0.0424）	（0.1116）	（0.0828）	（0.1019）	（0.0557）
PSOI×OT			0.4425***			
			（0.0938）			
PSOI×FOE						0.4273***
						（0.1082）
控制变量	是	是	是	是	是	是
企业效应	是	是	是	是	是	是
年份效应	是	是	是	是	是	是
观测值	75686	173428	249114	147610	101504	249114
R^2	0.3341	0.3327	0.3256	0.3367	0.3325	0.3212

4.3.4.2　企业所有权属性

基于中国现实的经济背景，不同所有权类型的出口企业在资源配置效率和技术创新能力上存在着一定的差距。本书根据注册类型将样本企业分别划分为国有、民营和外资企业，其中将国有企业和民营企业归类为本土企业[①]。表4-6中第（4）至第（6）列报告了相应的回归结果，检验结果显示生产性服务业开放有利于提高外资企业的出口技术复杂度，但对本土企业的促进作用相对较小。通过纳入外资企业虚拟变量（FOE）与核心解释变量的交互项，得出生产性服务业开放对外资企业出口技术复杂度的提升效果更强。相较于中国本土企业而言，外资企业大多为跨国公司或者合资公司，在资金来源和技术基础上更

---

① 国有企业对应的企业注册类型代码为110、141、143、151；外资企业对应的企业注册类型代码为310、320、330、340、210、220、230、240；其余注册类型代码则为民营企业。

加具有优势，也积累了较为丰富的国际市场参与经验，能够极大地释放生产性服务业开放引致的知识扩散效应。中国本土企业则受到既有技术地位的制约，存在着产品技术含量不足的短板劣势，使得生产性服务业开放对企业出口技术复杂度的积极影响大为削弱。

4.3.4.3 企业总体规模

不同规模的企业在经营实力、要素构成和技术投入方面均会有较大的差异，这些因素将直接作用于企业出口技术复杂度水平。本书参考李焕杰和张远（2021）的分类方法，采用固定资产净值年平均余额来衡量企业总体规模，将处于样本平均值以上的制造业企业定义为大型企业，反之则为中小型企业。估计结果汇报于表4-7中第（1）至（3）列，通过分组回归系数大小的比较，以及在全样本回归中考虑生产性服务业开放指数和大型企业虚拟变量（BIG）构成的交叉项，研究发现生产性服务业开放可以显著提高大型企业的出口技术复杂度，而对中小型企业的正向推动作用相对较小。可能的原因在于大型企业往往处于行业竞争的主导地位，各种要素资源的集聚能力较强，更易于通过规模化生产实现出口技术复杂度的提升。中小型企业由于自身资源禀赋有限，开展研发创新活动的积极性不高，借助于规模经济的实现来有效提高出口技术复杂度的能力较低。

表4-7　异质性分析回归结果 II

变量	企业总体规模			行业技术水平		
	（1）	（2）	（3）	（4）	（5）	（6）
	大型企业	中小型企业	全样本	高技术企业	低技术企业	全样本
$PSOI$	0.2857***	0.1936**	0.1085**	0.3029***	0.1475*	0.1002*
	(0.0981)	(0.0729)	(0.0402)	(0.0990)	(0.0721)	(0.0586)
$PSOI \times BIG$			0.3169***			
			(0.1240)			
$PSOI \times HIGH$						0.3813***
						(0.1474)
控制变量	是	是	是	是	是	是

变量	企业总体规模			行业技术水平		
	（1）	（2）	（3）	（4）	（5）	（6）
	大型企业	中小型企业	全样本	高技术企业	低技术企业	全样本
企业效应	是	是	是	是	是	是
年份效应	是	是	是	是	是	是
观测值	103931	135183	249114	94409	154705	249114
R^2	0.3256	0.2592	0.3095	0.3265	0.2690	0.2935

4.3.4.4　行业技术水平

行业技术特征的异质性使得企业具有发展迥异的技术先进程度和人力资本素质，其出口技术复杂度也随之有所不同。本书以国家统计局发布的《高技术产业（制造业）分类（2013）》为依据，利用中国工业企业数据库中的行业分类进行筛选甄别，将样本企业分别划分为高技术企业和低技术企业。检验结果如表4-7中第（4）至第（6）列所示，生产性服务业开放对高技术企业出口技术复杂度的促进作用显著大于低技术企业，本书通过在基准回归中引入生产性服务业开放指数与高技术行业企业虚拟变量（*HIGH*）的交互项，从而进一步佐证了上述结论的成立性。高技术企业在研发投入强度和人力资本素质方面要明显领先于低技术企业，能够实现生产性服务业开放带来的高端服务要素的有效转化。相比之下，低技术企业则受限于技术发展滞后和研发投入不足等因素，导致了生产性服务业开放对其企业出口技术复杂度的促进作用较为薄弱。

4.3.5　影响机制检验

根据上文的实证结果可知，生产性服务业开放能够显著促进制造业企业出口技术复杂度的提升，那么两者之间的内在影响机制是什么？第二部分的理论推导已经初步证明：生产性服务业开放主要通过降低出口成本和推动技术创新两大渠道来提高企业出口技术复杂度水平。基于此，本部分利用中介效应模型对生产性服务业开放影响出口技术复杂度的作用机制进行检验，模型设定具体如下：

$$\ln EXPY_{ijt} = a_0 + a_1 PSOI_{jt} + a X_{ijt} + \upsilon_i + \upsilon_t + \varepsilon_{ijt} \qquad (4-12)$$

$$COST_{ijt} = b_0 + b_1 PSOI_{jt} + b X_{ijt} + \upsilon_i + \upsilon_t + \varepsilon_{ijt} \qquad (4-13)$$

$$\ln EXPY_{ijt} = c_0 + c_1 PSOI_{jt} + c_2 COST_{ijt} + c X_{ijt} + \upsilon_i + \upsilon_t + \varepsilon_{ijt} \qquad (4-14)$$

$$TECH_{ijt} = d_0 + d_1 PSOI_{jt} + d X_{ijt} + \upsilon_i + \upsilon_t + \varepsilon_{ijt} \qquad (4-15)$$

$$\ln EXPY_{ijt} = e_0 + e_1 PSOI_{jt} + e_2 TECH_{ijt} + e X_{ijt} + \upsilon_i + \upsilon_t + \varepsilon_{ijt} \qquad (4-16)$$

一般而言，中介效应模型检验大致分以下三个步骤：第一步，将被解释变量（$\ln EXPY$）与核心解释变量（$PSOI$）进行回归，即本书的基准回归模型公式（4-12），同样也是主效应回归模型。第二步，如式（4-13）和式（4-15）所示，分别将出口成本变量（$COST$）和技术创新变量（$TECH$）作为被解释变量对生产性服务业开放指数进行回归。第三步，在基准回归模型中依次加入出口成本变量和技术创新变量，如果与基准回归系数相比，核心解释变量的估计系数出现系数绝对值下降或者显著性水平降低，则说明存在中介效应。为了增强研究结论的稳健性，借鉴温忠麟和叶宝娟（2014）的方法，基于 Sobel 检验进一步验证中介效应的有效性程度，当 Sobel 统计量绝对值大于其在 5% 显著性水平的临界值 0.97 时，表明中介效应是成立的。

本部分所选取的中介变量如下：①出口成本变量。现有研究对于企业出口成本的测度并没有统一的标准，本书参考刘斌和王乃嘉（2016）的做法，依据相关会计准则来计算企业出口成本，这里选取出口成本的对数值进行衡量。②技术创新变量。本书将从企业开展技术创新活动所带来的实际经济效果出发，采用企业新产品产值的对数值来分析其技术创新状况①。

表4-8 中第（1）列为生产性服务业开放与出口技术复杂度的基准回归结果，核心解释变量的估计系数显著为正，证实出进行中介效应检验的基本前提是成立的。第（2）列和第（3）列检验了出口成本降低的中介效应，可以看出在控制了其他变量之后，生产性服务业开放可以显著地降低企业的出口成本；第（3）列的结果表明，与基准回归结果相比，生产性服务业开放的估计

---

① 需要说明的是，由于存在样本企业新产品产值为零的情况，这里使用 ln（1+新产品产值）作为其衡量指标。

系数出现一定程度的下降，而且 Sobel 统计量的检验值为 1.84，通过了相应的显著性水平检验，意味着存在出口成本降低的中介效应。技术创新推动效应的检验结果如表4-8中第（4）列和第（5）列所示，由第（4）列的结果可知，核心解释变量的估计系数在5%统计水平上显著为正，表明生产性服务业开放推动出口企业进行更多的技术创新活动；相较于基准回归结果，第（5）列中生产性服务业开放的系数估计值略有下降，此外，其所对应的 Sobel 统计量的检验值为 3.22，验证了技术创新推动的中介效应的有效性。以上检验回归结果表明降低出口成本和推动技术创新是中国生产性服务业开放影响制造业企业出口技术复杂度的作用路径。

表 4-8　影响机制的检验结果

变量	基准回归	出口成本降低效应		技术创新推动效应	
	（1） ln*EXPY*	（2） *COST*	（3） ln*EXPY*	（4） *TECH*	（5） ln*EXPY*
PSOI	0.2101 **	−0.6439 ***	0.1952 **	1.0665 **	0.2036 **
	（0.0845）	（0.1312）	（0.0744）	（0.4084）	（0.0743）
COST			−0.0230 ***		
			（0.0014）		
TECH					0.0061 ***
					（0.0004）
控制变量	是	是	是	是	是
企业效应	是	是	是	是	是
年份效应	是	是	是	是	是
观测值	249114	249114	249114	249114	249114
R^2	0.3373	0.3140	0.3382	0.2159	0.3383

4.4　扩展分析：地区制度环境的影响

区别于制造业产品的主要属性，生产性服务产品具有无形性、不可储存性以及不可转移性等典型特征，其外资开放政策的实施效果更容易受到制度环境的作用影响。较高的制度质量可以减少制造业企业所面临的道德风险和不确定性，进而降低其生产高技术复杂度出口产品所耗费的交易成本，增强其提高出口技术复杂度水平的积极性与内在动力（Berkowitz et al.，2006）。尽管自改革开放以来，中国经济社会的体制机制建设取得了巨大的进步，但是由于在地理区位、经济基础和政策条件等方面存在着不小的差距，使得中国各地区的制度环境仍然表现出较大的差异（金祥荣等，2008）。简言之，生产性服务业开放对制造业企业出口技术复杂度的影响效应是否会因地区制度环境的差异而有所不同呢？本书通过引入制度环境变量以及制度环境变量与生产性服务业开放指数的交互项，将上文的基准回归模型扩展为如下形式：

$$\ln EXPY_{ijst} = \vartheta_0 + \vartheta_1 PSOI_{jt} + \vartheta_2 INST_{st} + \vartheta_3 PSOI_{jt} \times INST_{st} + \varphi X_{ijt} + \upsilon_i + \upsilon_t + \varepsilon_{ijt} \quad （4-17）$$

其中，下标 s 表示地区，各地区的制度环境用 $INST_{st}$ 来表示。由于制度环境包括经济、社会、法律体制等诸多领域，已有文献分别从不同的角度对地区制度环境进行了分析。

一方面，本书借鉴蒋殿春和张宇（2008）、盛斌和毛其淋（2011）的方法，从非国有经济发展水平的视角来衡量各地区的制度环境，选取非国有企业职工数占所有职工数的比重和非国有工业增加值占工业增加值的比重两大指标，将两者标准化处理后取其算术平均值，并以此为基础来量化各地区制度环境的完善程度。表4-9中第（1）列和第（2）列报告了相应的回归结果，虽然第（2）列中制度环境变量的估计系数并不显著为正，但是本书主要关注的是制度环境变量与生产性服务业开放指数的交互项，其估计系数一直在5%统计水平上显著为正，表明制度环境越为完善的地区，生产性服务业开放对制造业企业出口技术复杂度的促进作用越大。

另一方面，本书将樊纲等（2011）公布的对应年份中国各地区市场化总指数作为地区制度环境的代理变量，这一指数囊括了政府与市场关系、非国有经济发展、产品要素市场状况、中介组织发育程度以及法律制度环境等方面的内容，能够较为全面系统地刻画出中国各个地区的制度环境状况。由表4-9中第（3）列和第（4）列可知，无论是否加入控制变量，制度环境变量与生产性服务业开放指数交互项的估计系数均通过了相应的显著性水平检验，而且始终为正值，证实了良好的地区制度环境可以强化生产性服务业开放对制造业企业出口技术复杂度的正面提升效应。

表 4-9 扩展分析的检验结果

变量	非国有经济发展水平		地区市场化总指数	
	（1）	（2）	（3）	（4）
PSOI	0.2643***	0.3129***	0.1361*	0.1858**
	（0.0873）	（0.0875）	（0.0645）	（0.0845）
INST	0.0410**	0.0278	0.0123***	0.0215***
	（0.0170）	（0.0181）	（0.0014）	（0.0010）
PSOI×INST	0.1835**	0.1620**	0.0129***	0.0103***
	（0.0659）	（0.0732）	（0.0018）	（0.0019）
控制变量	否	是	否	是
企业效应	是	是	是	是
年份效应	是	是	是	是
观测值	249114	249114	249114	249114
R^2	0.3268	0.3376	0.3375	0.3383

4.5 本章小结

本章以 2000~2007 年的中国工业企业数据和海关贸易数据为基础，通过构建相对外生的中国生产性服务业开放指数，探究了生产性服务业开放对制造业出口技术复杂度的影响及其内在机制，得到的主要研究结论如下：

第一，从制造业出口产品横向升级的角度来看，中国生产性服务业开放有利于促进制造业企业出口技术复杂度的提升，在经过改变企业出口技术复杂度的测算方法、更换生产性服务业开放的衡量指标、调整补充样本企业所处的时间区间以及基于中国加入 WTO 的双重差分模型估计等一系列的稳健性检验之后，这一研究结论依然是成立的。

第二，本章通过采用 Heckman 两阶段模型和两阶段最小二乘法（2SLS）来处理潜在的内生性问题。Heckman 两阶段模型回归结果显示，尽管研究样本存在着一定的选择性偏差，但是并没有对核心结论产生实质性影响；选择巴西生产性服务业开放指数作为工具变量展开分析，得到生产性服务业开放的估计系数显著为正，表明在控制了可能的内生性之后，上述的核心结论仍然成立。

第三，考虑到不同的制造业企业所具有的贸易方式、所有权属性、企业总体规模以及行业技术水平之间的差异，本章分析了生产性服务业开放对企业出口技术复杂度的异质性影响。从相应的实证结果中可以发现，生产性服务业开放对于一般贸易企业、外资企业、大型企业和高技术企业的出口技术复杂度提升表现出更为明显的正向促进作用。

第四，中介效应模型的检验结果显示，生产性服务业开放通过降低出口成本和推动技术创新两大影响渠道，提高了制造业企业的出口技术复杂度水平。本章进一步分析得出，制度环境越为完善的地区，生产性服务业开放对企业出口技术复杂度的促进作用越大，说明良好的地区制度环境能够增强生产性服务业开放对制造业企业出口技术复杂度的正面提升效应。

5 生产性服务业开放对制造业出口国内附加值率的影响

5.1 问题提出

20 世纪 90 年代以来，在经济全球化浪潮和产业科技革命的有力推动下，跨国公司打破不同国家或地区间的时空限制，建立起庞大的全球化生产服务网络，全球价值链分工格局由此形成。中国借助"人口红利"等低成本优势迅速发展为"世界工厂"，在全球产业链和价值链体系中发挥着不可或缺的作用。在对外贸易活动迎来"爆发式增长"时期的同时，中国制造业企业初步实现了出口产品的纵向升级，其所对应的出口国内附加值率也在稳步上升。2000~2006 年，中国制造业企业创造的出口国内附加值率由 49% 增加到 57%（张杰等，2013）。也有测算结果表明中国企业的出口国内附加值率分别由 2000 年的 65% 上升到 2007 年的 70%（Kee and Tang，2016）。尽管不同的研究测算结果略有差异，但是均印证了中国制造业企业出口国内附加值率得到明显提升这一典型事实。

然而也要清醒地认识到，中国制造业出口产品纵向升级活动仍然存在着较大的不足，其出口行为中所包含的国内增加值远远低于美国、日本等发达国家，跨国公司始终掌握着关键分工环节的核心技术，使得中国长期被锁定在全球价值链的低附加值环节，出口贸易规模与真实贸易利得之间存在着错配失衡问题（罗长远和张军，2014；吕越等，2018）。代表性的案例如 iPhone 手机的生产，中国所承接的加工组装环节带来的国内增加值仅为 10.40%，而同一产品中美国所获得的附加值占比则为 66.72%（Xing and Huang，2021）。现有文献分别从价值链嵌入位置（高翔等，2019）、融资约束状况（张盼盼和陈建国，2019）、税收激励政策（刘玉海等，2020）以及环境规制标准（胡浩然，2021）等方面探讨如何来改变中国制造业出口所面临的产品纵向升级领域的"低端锁定"困境。

进入服务经济时代，服务全球化成为全球价值链治理体系的制高点和驱动力，由于与制造业具有天然的产业联系，生产性服务投入加快了各附加值环节的深度分解，对于中国制造业全球价值链地位提升产生了至关重要的推动作用（姚战琪，2018；杨仁发和刘勤玮，2019）。因此，本章将从微观企业视角探讨生产性服务业开放与制造业出口国内附加值率的关系，同时考虑到企业、行业和地区层面的异质性对研究结论的影响；在准确识别两者间传导机制的基础上，进一步检验其规模效应与结构效应的表现形式，从而丰富和拓展了中国制造业企业出口产品纵向升级活动的研究视角。

5.2 计量模型、变量选取与数据说明

5.2.1 模型设定

为了分析中国生产性服务业开放对制造业企业出口国内附加值率的影响，本书建立如下的基准回归模型：

$$DVAR_{ijt} = \alpha_0 + \alpha_1 PSOI_{jt} + \gamma X_{ijt} + \upsilon_i + \upsilon_t + \varepsilon_{ijt} \tag{5-1}$$

其中，下标 i、j 和 t 分别表示企业、行业和年份；被解释变量 $DVAR_{ijt}$ 表

示 t 年制造业行业 j 中企业 i 的出口国内附加值率，数值越大则意味着企业在全球价值链分工中的贸易获益能力和竞争优势越强；$PSOI_{jt}$ 是本书的核心解释变量，表示 t 年制造业行业 j 所对应的生产性服务业开放指数，反映出生产性服务业开放通过上下游产业联系对制造业行业的渗透程度，该数值越大，则表明生产性服务业的开放水平越高，预期这一估计系数 α_1 为正值；X_{ijt} 表示企业和行业层面一系列的控制变量；v_i 和 v_t 分别表示企业固定效应和年份固定效应，ε_{ijt} 为随机误差项。

5.2.2 变量选取

5.2.2.1 被解释变量

企业出口国内附加值率。本书基于 Upward 等（2013）、张杰等（2013）以及 Kee 和 Tang（2016）的方法对其进行测度，综合考虑了"过度进口商""过度出口商"以及贸易代理商所带来的中间品间接进口等问题（Ahn et al.，2011）[①]，利用中国工业企业数据库和海关贸易数据库，从微观层面来测算出中国制造业企业的出口国内附加值，具体测度方法如下所示：

$$DVAR_{ijt}^{k}=\begin{cases} 1-\dfrac{IMP_{ijt}^{O}\big|_{BEC}+\delta\ (M_{ijt}-IMP_{ijt}^{O}\big|_{BEC})}{Y_{ijt}},\ k=O \\[3mm] 1-\dfrac{IMP_{ijt}^{P}\big|_{BEC}+\delta\ (M_{ijt}-IMP_{ijt}^{P}\big|_{BEC})}{Y_{ijt}},\ k=P \\[3mm] \Theta_{O}\left[1-\dfrac{IMP_{ijt}^{O}\big|_{BEC}+\delta\ (M_{ijt}-IMP_{ijt}^{O}\big|_{BEC})}{Y_{ijt}}\right]+\Theta_{P} \\[3mm] \left[1-\dfrac{IMP_{ijt}^{P}\big|_{BEC}+\delta\ (M_{ijt}-IMP_{ijt}^{P}\big|_{BEC})}{Y_{ijt}}\right],\ k=M \end{cases} \quad (5-2)$$

其中，k 表示不同的贸易方式，O、P 和 M 分别表示纯一般贸易、纯加工

---

① 过度进口商为进口中间品额大于总中间品投入额的企业；过度出口商是以一般贸易企业 DVAR 的上四分位数为界限，若加工贸易企业的 DVAR 超过这一上限，则将其视为过度出口商；贸易代理中间商是指企业名称中含有"进出口""贸易""商贸""经贸""科贸""外经"等这些字段的企业。

贸易和混合贸易企业[①]；Θ_O 和 Θ_P 分别表示混合贸易企业以一般贸易和加工贸易方式进行出口的比例；$IMP_{ijt}^O|_{BEC}$、$IMP_{ijt}^P|_{BEC}$ 分别表示一般贸易企业和加工贸易企业进口的中间品额，通过将广义分类法（BEC）标准与海关 HS6 位产品编码进行匹配，识别出进口产品中的中间品、资本品和消费品，进而得到不同贸易方式下的中间品进口额[②]；M_{ijt} 代表总中间投入；Y_{ijt} 表示企业的总产出；δ 表示国内中间投入所包含的国外投入比例，这里将其取值设定为 5%。

5.2.2.2 核心解释变量

生产性服务业开放指数。同第 4.2.2 节所采用的生产性服务业开放的衡量方式相一致，本章同样也是基于外资参股限制的视角测度出中国的生产性服务业开放指数，这里不再对具体衡量方法进行赘述。

5.2.2.3 控制变量

①企业全要素生产率（TFP），利用 Levinsohn-Petrin 方法（LP 法）测度企业全要素生产率，并取其对数形式。②企业经营规模（SCALE），采用企业当年员工数量的对数值进行表示。③企业存续年限（AGE），采用企业样本观测年份减去成立年份加 1 后的对数值来表示。④企业劳动力成本（WAGE），采用当年应付工资总额与企业从业人员之比的对数值来表示。此外，行业集中度、国有企业虚拟变量以及外资企业虚拟变量的测算定义方法与第 4 章相同。

5.2.2.4 数据来源和处理过程

本章主要使用以下三类数据：①2000～2007 年的中国工业企业数据库[③]，主要涉及企业和行业层面的变量测算；②2000～2007 年的中国海关贸易数据库，用于测度被解释变量企业出口国内附加值率；③相应年份的《外商投资产业指导目录》和 2002 年的中国投入产出表，用于测算各制造业行业对应的生产性服务业开放指标。《外商投资产业指导目录》先后于 1997 年、2002 年、

---

① 纯一般贸易企业是指加工出口份额为 0 的企业；纯加工贸易企业是指加工出口份额为 1 的企业；混合贸易企业是指加工出口份额介于 0 和 1 之间的企业。

② 根据 BEC 分类标准，将代码为 111、121、21、22、31、322、42 和 53 的产业类别归为中间品，代码为 41 和 521 的产业类别归为资本品，其余为消费品。

③ 由于 2008 年以及之后的年份中国工业企业数据库缺少中间投入、工业增加值和工业总产值等关键指标，导致本书无法测算出相应年份的企业出口国内附加值率，因此，最新样本区间截止到 2007 年。

2004 年、2007 年和 2011 年相继修订，本书在进行 2000～2001 年测度时使用 1997 年版本，2002～2004 年使用 2002 年版本，2005～2007 年使用 2004 年版本。

为了测度中国制造业企业的出口国内附加值率，本章同样需要将中国工业企业数据和海关贸易数据进行匹配合并，这里采用与上文相同的方法对上述两套微观数据库进行合并匹配，保留了被匹配成功的出口企业作为研究样本。表 5-1 报告了主要变量的描述性统计结果。

表 5-1 主要变量的描述性统计结果

变量名称	符号	观测值	均值	标准差	最小值	最大值
企业出口国内附加值率	DVAR	211867	0.8906	0.1473	0.0251	0.9902
生产性服务业开放指数	PSOI	211867	0.7285	0.0220	0.5632	0.9883
企业全要素生产率	TFP	211867	3.9243	0.1637	2.3964	8.7012
企业经营规模	SCALE	211867	5.3898	1.1302	2.1972	11.9251
企业存续年限	AGE	211867	2.0232	0.7156	0	5.1358
劳动力成本	WAGE	211867	4.9489	1.5023	0.6931	7.6475
行业集中度	HHI	211867	0.0109	0.0036	0.0012	1
国有企业虚拟变量	SOE	211867	0.0549	0.2278	0	1
外资企业虚拟变量	FOE	211867	0.6003	0.4898	0	1

5.3 实证结果及分析

5.3.1 基准回归结果分析

表 5-2 为基准回归的估计结果。第（1）列、第（2）列均未控制企业和年份固定效应，结果表明，核心解释变量 PSOI 的系数在 1% 的统计水平上始终显著为正。第（3）列控制了相应的固定效应，第（4）列则进一步加入了

控制变量，可以发现生产性服务业开放指数的显著性水平和影响方向并没有发生实质性改变，*PSOI* 的系数越大，表明生产性服务业开放水平越高，因而根据回归结果可知，扩大生产性服务业开放对于制造业企业提升出口国内附加值率表现出明显的促进作用。

表 5-2　基准回归结果

变量	（1）	（2）	（3）	（4）
PSOI	0.8951 ***	0.7423 ***	0.6771 ***	0.6603 ***
	（0.0125）	（0.0125）	（0.0382）	（0.0371）
TFP		0.0907 ***		0.1081 ***
		（0.0015）		（0.0043）
SCALE		−0.0096 ***		0.0001
		（0.0004）		（0.0010）
AGE		0.0074 ***		0.0036 ***
		（0.0004）		（0.0006）
WAGE		−0.0020 ***		−0.0169 ***
		（0.0004）		（0.0009）
HHI		−0.3723 ***		−0.1185
		（0.0583）		（0.1212）
SOE		−0.0031 **		0.0238 ***
		（0.0014）		（0.0014）
FOE		−0.0655 ***		−0.0606 ***
		（0.0009）		（0.0009）
常数项	0.0364 ***	0.1063 ***	0.2482 ***	0.2322 ***
	（0.0109）	（0.0120）	（0.0365）	（0.0358）
企业效应	否	否	是	是
年份效应	否	否	是	是
观测值	211867	211867	211867	211867
R^2	0.1346	0.1421	0.2003	0.2538

注：括号内为稳健标准误，＊＊＊、＊＊、＊分别表示在1%、5%、10%的统计水平上显著。本章下表同。

从控制变量的回归结果来看，企业生产率的影响系数为正，且通过了1%水平的显著性检验，说明生产效率越高的企业，其面临的边际生产成本越低，更能获得更高的出口国内附加值；企业经营规模尽管系数为正，但是并没有通过显著性水平检验；企业存续年限的系数显著为正，表明成立时间越长的企业往往拥有较高的管理水平和技术能力，成为实现企业自身出口国内附加值率增长的重要保证；劳动力成本显著为负，说明劳动力成本上升在一定程度上抑制了企业出口国内附加值率的提升；行业集中度影响系数为负，然而并不是显著的；国有企业虚拟变量系数显著为正，表明国有企业发展对于企业出口国内附加值率表现出明显的促进作用；外资企业虚拟变量系数显著为负，意味着外资企业对企业出口国内附加值具有显著的抑制作用，原因可能在于外资企业主要依赖于国外的中间投入要素，从事的大多为装配组装的加工贸易活动，导致企业出口过程中的国内附加值率偏低。

5.3.2 稳健性检验

为了确保上文研究结论的稳健性，本书将从制造业企业出口国内附加值率的不同测算、改变生产性服务业开放的衡量指标、更换基准回归模型估计方法、控制同时期内其他政策的影响等方面来展开稳健性检验分析。

5.3.2.1 不同情形下的企业出口国内附加值率测算

根据 Koopman 等（2012）的研究可知，国外要素在中国企业国内中间投入中所占的比重在5%~10%，出于检验这一比重的变动是否会影响到本书核心结论的考虑，这里将国内中间投入中包含的国外要素比重由上文的5%调整为10%，对于企业出口国内附加值率重新进行测算，结果如表5-3中第（1）列所示。此外，由于进口资本品会以折旧的方式转移到出口产品之中，进一步剔除了资本品折旧转化的影响，参照单豪杰（2008）的估算方法，将企业固定资产折旧率设定为10.96%，测算得出企业出口国内附加值率，表5-3中第（2）列报告了这一结果。回归结果表明，核心解释变量和控制变量的系数符号及显著性水平均没有出现较大变化，说明替换被解释变量指标并未导致上文的核心结论改变。

表 5-3　稳健性检验

变量	（1）	（2）	（3）	（4）	（5）
	改变出口国内附加值率衡量方法		改变生产性服务业开放指标	Tobit 模型估计	控制其他政策影响
PSOI	0.6947***	0.3954***		0.6787***	0.6601***
	（0.0390）	（0.0226）		（0.0240）	（0.0371）
PSFRI			0.7023***		
			（0.0392）		
PSOI×2001dummy					0.1293*
					（0.0652）
PSOI×2005dummy					0.0410
					（0.0509）
控制变量	是	是	是	是	是
企业效应	是	是	是	是	是
年份效应	是	是	是	是	是
观测值	211867	211867	209354	211520	211867
R^2	0.2528	0.2411	0.2538	0.2298	0.2539

5.3.2.2　改变生产性服务业开放的衡量指标

从政策角度构建生产性服务业开放指标，可以很好地降低内生性问题对实证结果的干扰。鉴于此，本书采用另一种常用的生产性服务业开放衡量指标，即经济合作与发展组织（OECD）公布的外商直接投资限制指数（FDI Restrictiveness Index），这一指标从股权限制、审批要求、外籍员工雇用及其他限制等方面进行度量，度量得分在 0（完全开放）至 1（完全限制）之间，行业指数值越大，表明对外商直接投资的开放度越低。由于 OECD 全球化数据库目前仅有 1997 年、2003 年、2006 年及 2010 年之后的外资限制指数，借鉴彭书舟等（2020）的思路，将 1997 年的外资限制指数平移至 2000 年。对于制造业行业与生产性服务业的投入产出关系，这里选用相应年份世界投入产出数据库（WIOD）提供的中国投入产出表进行替换测算。表 5-3 中第（3）列的结果显示，核心解释变量仍然在 1% 的统计水平上显著为正，表明改变关键解释变量的衡量方法后得到的研究结论依旧稳健。

5.3.2.3　更换基准回归模型估计方法

通过分析发现制造业企业的出口国内附加值率取值主要处于 0 和 1 之间，属于设限数据，如果直接将其作为被解释变量纳入模型进行回归，可能会带来较为严重的数据截留问题，导致估计结果出现一定偏差（李宏亮等，2021）。为此，本书采用双限制 Tobit 模型对这一问题予以解决，将被解释变量的上下限分别设定为 1 和 0，重新估计的结果见表 5-3 第（4）列。回归结果表明，生产性服务业开放的影响系数依然显著为正，数值大小也并没有发生很大变动，说明本书的核心结论不会随着模型估计方法的调整而改变。

5.3.2.4　控制同时期内其他政策的影响

在本书所选择的样本考察期内，对于制造业企业出口国内附加值率而言，有两大重要的政策变动值得引起关注：一是中国于 2001 年末正式加入世界贸易组织（WTO）；二是中国于 2005 年 7 月推行的人民币汇率形成机制改革。本书参考高翔等（2018）的具体做法，分别引入时间虚拟变量 $2001dummy$ 和 $2005dummy$，在基准模型中依次加入交互项 $PSOI \times 2001dummy$ 和 $PSOI \times 2005dummy$，以此来观察在"入世"和"汇改"的前后，生产性服务业开放对企业出口国内附加值率的影响效应是否存在差异。表 5-3 第（5）列报告出相应的回归结果，可以看出核心解释变量 PSOI 的估计系数仍然显著为正，尽管两个时间虚拟变量交互项的估计系数均为正值，但是"汇改"政策虚拟变量并没有通过显著性水平检验。正如 Kee 和 Tang（2016）的研究结果所示，加入世界贸易组织使得中国的贸易自由化便利化进程大大提速，有力地促进了制造业企业出口国内附加值率的提升。总体来讲，加入世界贸易组织和汇率机制改革两大政策变动并没有对本书主要结论造成根本性的影响。

5.3.3　内生性问题处理

5.3.3.1　样本选择性偏差处理

中国制造业企业中存在着很多并未参与出口活动的内销企业，如果只将出口企业作为基本研究单元，这样可能会导致样本选择性偏差问题产生。因此，本部分同样利用 Heckman（1979）提出的两阶段模型进行处理，第一阶段基于

Probit 模型分析得出制造业企业的出口概率，第二阶段则是在得到逆米尔斯比率的基础上展开估计，进而缓解样本选择性偏差问题带来的不利影响。与第 4 章的定义方式相一致，当制造业企业的出口交货值大于零时，出口参与水平所对应的虚拟变量取值为 1，否则取值为 0，其余变量含义与基准回归方程相同。

正如表 5-4 第（1）列所示，从 Heckman 第一阶段的回归结果来看，扩大中国的生产性服务业开放明显地提高了制造业企业的出口参与水平。由第（2）列报告的第二阶段的估计结果可知，本章基准模型分析中确实具有样本选择性偏差问题，然而核心解释变量的显著性水平和系数估计值并没有发生很大的变动，从而表明尽管存在着样本选择性偏差问题，但是对于中国制造业企业的出口国内附加值率来讲，生产性服务业开放依然能够产生显著的推动作用。

5.3.3.2 遗漏其他非观测因素处理

本书所测算的制造业企业出口国内附加值率和生产性服务业开放指数属于不同的维度，具体而言，单个制造业企业的出口行为很难影响到生产性服务业整体的行业开放政策，两者间存在逆向因果关系的可能性较小，但是难以完全排除其他非观测因素对制造业企业出口国内附加值率所带来的内生性问题。为此，与第 4 章的构造方法相同，本章同样选取巴西的生产性服务业开放指数作为工具变量，并采用两阶段最小二乘法（2SLS）来处理潜在的内生性问题。

表 5-4 中第（3）列和第（4）列报告了相应的估计结果。从中可知，第一阶段回归中 PSOI[IV] 的系数显著为正，说明巴西与中国生产性服务业开放程度是高度相关的。核心解释变量同样通过了显著性水平检验，而且与基准回归结果相比，其影响方向和系数估计值基本保持一致。Kleibergen-Paap rk LM 统计量的 P 值显著为 0，拒绝了工具变量识别不足的原假设；Kleibergen-Paap rk Wald F 统计量远远大于 Stock-Yogo 检验 10% 水平上的临界值 16.38，同样是强烈拒绝了弱工具变量的原假设，意味着工具变量的选取是合理有效的。说明在考虑可能存在的内生性问题之后，中国生产性服务业开放显著地促进制造业企业出口国内附加值率提升这一结论仍然成立。

表 5-4　内生性检验结果

变量	（1）	（2）	（3）	（4）
	Heckman 两阶段法		工具变量法	
	第一阶段	第二阶段	第一阶段	第二阶段
$PSOI$	0.1670 * （0.0862）	0.5884 *** （0.1502）		
IMR		0.0479 ** （0.0196）		
$PSOI^{IV}$			0.8732 ** （0.3610）	
$PSOI$				0.5971 *** （0.0983）
Kleibergen-Paap rk LM 统计量			890.26 *** ［0.0000］	
Kleibergen-Paap rk Wald F 统计量			682.93	
控制变量	是	是	是	是
企业效应	是	是	是	是
年份效应	是	是	是	是
观测值	283205	204274	193519	190652
R^2	0.3109	0.2762	0.3884	0.4621

注：Kleibergen-Paap rk LM 统计量括号内为 P 值，其余变量括号内为稳健标准误。

5.3.4　异质性分析

本书将从企业贸易方式、所有制主要属性、行业要素密集度以及地理区位差异等不同研究视角出发，并以此为基础来探讨生产性服务业开放对不同维度下制造业企业出口国内附加值率的影响表现。

5.3.4.1　企业贸易方式

本书参照 Liu 和 Qiu（2016）的做法，根据制造业企业出口的贸易方式将其分为一般贸易、加工贸易和混合贸易企业，表 5-5 中第（1）至第（4）列依次报告了基于贸易方式的分组回归结果。从中可知核心解释变量的估计系数一直显著为正，说明生产性服务业开放对于上述三种贸易方式下企业出口国内附加值率均产生明显的促进作用。为了稳健性，本书以一般贸易企业为基准，在全样本回归中依次引入核心解释变量与混合贸易企业虚拟变量（MT）、加工贸易企业虚拟变量（PT）的交互项进行检验，发现生产性服务业开放对于一般贸易企业出口国内附加值率的影响大于混合贸易企业，而加工贸易企业受到的推动作用相对较小，可能是因为中国的加工贸易企业多以来料或者进料加工生产为主，很少涉及自主研发、品牌营销等高附加值的分工环节，生产性服务业开放对于其产品增加值的正面提升作用较为有限。

5.3.4.2 企业所有制属性

所有制作为企业的重要属性之一，其对制造业企业的要素投入和生产效率具有至关重要的影响。本书依据注册类型将样本企业划分为国有、民营和外资企业，分析了生产性服务业开放对不同所有制企业的影响，估计结果如表5-5中第（5）至第（8）列所示。对于民营企业和外资企业的出口国内附加值率而言，生产性服务业开放表现为明显的推动作用，但是对国有企业的促进作用却不显著。本部分以国有企业为基准，通过在回归模型中引入生产性服务业开放指数与民营企业虚拟变量（POE）、外资企业虚拟变量（FOE）的交互项进行分析，得到了与以上相同的结论。相较于民营企业和外资企业，中国的国有企业技术创新能力普遍较弱，产品市场和要素市场的敏感度不高，由于享受到诸多的政策优惠扶持，使其缺乏提升出口国内附加值的强大内生动力。民营企业和外资企业能够更快地适应生产性服务投入的变化，进行生产技术的流程优化和更新升级，从而不断提高自身的出口国内附加值水平。

表 5-5　异质性分析回归结果 I

变量	贸易方式				所有制属性			
	（1）	（2）	（3）	（4）	（5）	（6）	（7）	（8）
	一般贸易	加工贸易	混合贸易	全样本	国有企业	民营企业	外资企业	全样本
$PSOI$	0.7055***	0.4524**	0.6518*	0.4986***	0.2144	1.0723***	0.5295***	0.1130
	(0.1341)	(0.1612)	(0.3250)	(0.1722)	(0.1936)	(0.2677)	(0.0460)	(0.0828)
$PSOI×MT$				0.3387*				
				(0.1630)				

变量	贸易方式				所有制属性			
	（1）	（2）	（3）	（4）	（5）	（6）	（7）	（8）
	一般贸易	加工贸易	混合贸易	全样本	国有企业	民营企业	外资企业	全样本
$PSOI \times PT$				0.2368*				
				（0.1012）				
$PSOI \times POE$								0.6077***
								（0.1592）
$PSOI \times FOE$								0.3169**
								（0.1254）
控制变量	是	是	是	是	是	是	是	是
企业效应	是	是	是	是	是	是	是	是
年份效应	是	是	是	是	是	是	是	是
观测值	59609	87983	64275	211867	11633	71986	127148	211867
R^2	0.1423	0.1107	0.1482	0.1590	0.1137	0.2188	0.2225	0.2019

5.3.4.3 行业要素密集度

由于各个制造业行业的要素密集度有所不同，其对生产性服务投入的依赖程度也表现出巨大的差别。本书参照周念利（2014）的分类标准，将样本企业所属的制造业行业划分为劳动密集型、资本密集型以及技术密集型三大类。由表 5-6 中第（1）至第（4）列可知，无论哪一种要素类型的行业，关键解释变量的估计系数始终显著为正，说明生产性服务业开放均有利于提升行业内企业的出口国内附加值率水平，通过在全样本回归中纳入生产性服务业开放指数与资本密集型企业虚拟变量（CAP）以及技术密集型企业虚拟变量（TEC）的交互项，进一步证实了这一结论，同时也发现技术密集型行业企业受到的促进作用大于劳动密集型和资本密集型企业，可能的解释是这一类型的企业对专利、知识、信息等高端服务要素的需求较强，在生产性服务业开放的积极推动下，更易于实现出口产品中所内含的国内附加值大幅提升。

表 5-6 异质性分析回归结果 II

变量	行业要素密集度				地理区位差异			
	（1）劳动密集型	（2）技术密集型	（3）资本密集型	（4）全样本	（5）东部地区	（6）中部地区	（7）西部地区	（8）全样本
PSOI	0.5485*	0.7270***	0.6490***	0.4660*	0.7342***	0.5158	−0.0644	0.5295**
	(0.2734)	(0.0949)	(0.0721)	(0.2403)	(0.0382)	(0.5360)	(0.1612)	(0.2038)
PSOI×CAP				0.5219***				
				(0.1182)				
PSOI×TEC				0.6487***				
				(0.1205)				
PSOI×MID								0.3219
								(0.2746)
PSOI×WES								−0.1290
								(0.2015)
控制变量	是	是	是	是	是	是	是	是
企业效应	是	是	是	是	是	是	是	是
年份效应	是	是	是	是	是	是	是	是
观测值	62504	77204	72159	211867	132733	51986	27148	211867
R^2	0.2056	0.2465	0.2573	0.2390	0.2137	0.2188	0.2225	0.2084

5.3.4.4 地理区位异质性

中国不同地区的生产性服务业发展水平差距较大，导致区域间发展程度不平衡问题日益凸显。本书按照样本企业所处的地理区位，借鉴刘守英等（2020）的界定标准，依次将其划分为东部、中部和西部地区。表5-6中第（5）至第（8）列结果显示，无论是基于分组回归的系数值大小分析，还是利用生产性服务业开放指数与中部地区企业虚拟变量（MID）以及西部地区企业虚拟变量（WES）的交互项检验，都可以发现生产性服务业开放对东部地区企业出口国内附加值率具有显著的促进效应，中部地区企业受到的正向推动作用并不显著，而西部地区企业影响系数甚至为负，同样也没有通过显著性水平检验。东部地区生产性服务业具有良好的产业条件和技术优势，产业间的协调耦合度较高，积累了丰富的生产性服务资源。中部地区和西部地区的产业基础相对薄弱，生产性服务业的总体竞争力和对外开放水平远低于东部地区，极大地制约了生产性服务业开放对企业出口国内附加值率的促进作用发挥。

5.3.5 影响机制检验

上文的分析探讨了生产性服务业开放与制造业企业出口国内附加值率之间的关系，并且验证出研究假设是成立的。在此基础上，本部分借助于中介效应的方法来检验生产性服务业开放对企业出口国内附加值率的影响作用机制。根据前文的理论机制阐释，这里选取成本加成和国内中间品价格作为中介变量，构建出中介效应模型展开分析，计量模型具体如下：

$$DVAR_{ijt} = a_0 + a_1 PSOI_{jt} + aX_{ijt} + \upsilon_i + \upsilon_t + \varepsilon_{ijt} \tag{5-3}$$

$$MKP_{ijt} = b_0 + b_1 PSOI_{jt} + bX_{ijt} + \upsilon_i + \upsilon_t + \varepsilon_{ijt} \tag{5-4}$$

$$DVAR_{ijt} = c_0 + c_1 PSOI_{jt} + c_2 MKP_{ijt} + cX_{ijt} + \upsilon_i + \upsilon_t + \varepsilon_{ijt} \tag{5-5}$$

$$IMP_{ijt} = d_0 + d_1 PSOI_{jt} + dX_{ijt} + \upsilon_i + \upsilon_t + \varepsilon_{ijt} \tag{5-6}$$

$$DVAR_{ijt} = e_0 + e_1 PSOI_{jt} + e_2 IMP_{ijt} + eX_{ijt} + \upsilon_i + \upsilon_t + \varepsilon_{ijt} \tag{5-7}$$

其中，MKP_{ijt} 表示制造业企业的成本加成率，本书基于 De Loecker 和 Warzynski（2012）提出的生产函数法进行测算，计算公式为 $MKP_{ijt} = \rho_{ijt}^m$ $(\phi_{ijt}^m)^{-1}$，ρ_{ijt}^m 为可变要素即中间投入的产出弹性，借鉴 Levinsohn 和 Petrin（2003）的思路对生产函数参数估计后得到，ϕ_{ijt}^m 为可变要素的成本占企业工业总产值的比重。IMP_{ijt} 表示制造业企业的国内中间品价格，由于国内中间品的价格数据暂时无法得到，但是其与国内中间品使用数量具有直接的因果关系，即国内中间品使用数量越大，其对应的国内中间品价格水平就越低。本书参考张丽和廖赛男（2021）的处理方法，以制造业企业所使用的国内中间投入品总量占比作为代理变量，采用国内中间投入品总额与企业销售收入的比值对这一指标进行衡量。

表 5-7 中第（1）至第（2）列报告了成本加成效应的检验结果，第（1）列的结果显示，在控制了其他变量后，核心解释变量的估计系数为 0.1485，且在 1% 统计水平上显著，表明生产性服务业开放对企业成本加成率产生积极

的影响；由第（2）列的结果可知，在考虑成本加成率与控制变量之后，生产性服务业开放的估计系数仍然显著为正，同时与表5-2中第（4）列的基准回归结果相比，其系数估计值有所下降，证实了成本加成的中介效应是存在的。生产性服务业开放有利于降低国内企业的边际生产成本，加快出口产品的质量升级，进而通过提高成本加成率推动制造业企业出口国内附加值率提升。

表5-7　影响机制的检验结果

变量	成本加成效应		国内中间品价格效应		两种效应
	（1）	（2）	（3）	（4）	（5）
	MKP	*DVAR*	*IMP*	*DVAR*	*DVAR*
PSOI	0. 1485 ***	0. 6543 ***	0. 3307 ***	0. 6524 ***	0. 6472 ***
	（0. 0184）	（0. 0365）	（0. 0232）	（0. 0371）	（0. 0358）
MKP		0. 0157 **			0. 0124 *
		（0. 0054）			（0. 0063）
IMP				0. 0239 ***	0. 0235 ***
				（0. 0018）	（0. 0026）
控制变量	是	是	是	是	是
企业效应	是	是	是	是	是
年份效应	是	是	是	是	是
观测值	210471	210471	211867	211867	210471
R^2	0. 2872	0. 2541	0. 7818	0. 2533	0. 2543

表5-7中第（3）至第（4）列汇报了国内中间品价格效应的检验结果，第（3）列的估计结果表明，生产性服务业开放的影响系数显著为正，将第（4）列的回归结果与基准回归结果相比，同样发现核心解释变量的系数估计值表现出一定程度的缩小，从而表明国内中间品价格的中介效应是成立的。随着生产性服务业开放的推进，中国国内企业的技术创新能力不断增强，国内市场上能够提供的中间品数量和种类持续扩大，使得国内中间品的价格水平出现下降，推动进口中间品与国内中间品的相对价格提高，制造业出口企业转而依赖于投入更多的国内中间品，从而促使自身的出口国内附加值率得到提升。出

于中介效应的稳健性考虑，第（5）列报告了将以上两种中介效应同时纳入模型的回归结果，可以发现生产性服务业开放的系数估计值出现更大程度的下降；这里还借鉴张营营等（2020）的做法，对成本加成和国内中间品价格的中介效应进行 Sobel 检验，计算得出中介变量所对应的 Z 统计量的数值分别为5.72 和 3.18，至少在 5%统计水平上显著。由此可见，提高企业成本加成和降低国内中间品价格是生产性服务业开放影响制造业企业出口国内附加值率的重要渠道。

5.4 扩展分析：规模效应和结构效应的检验

尽管上文已经系统地分析了生产性服务业开放对于制造业企业出口国内附加值率的影响效果及其作用机制，但是仍然无法由此判断生产性服务业开放是否真正推动国内出口企业生产能力的提升，原因在于本书所测算的企业出口国内附加值率为比率变量，其变动主要取决于出口总规模和中间品进口规模的相对变化幅度。

一方面，当出口总规模扩张速度快于同一时期的中间品进口规模，或者中间品进口规模下降速度快于同一时期的出口总规模时，均会带来制造业企业出口国内附加值率水平的提高。然而第二种情形往往发生于出口企业受到巨大的外部环境冲击，转而依赖于更多的国内中间品，尽管此时出口产品中所包含的国内附加值大为提升，但是却以牺牲中国企业参与全球化的广度和深度为沉重代价的（邵朝对和苏丹妮，2019）。因此，生产性服务业开放是否也会通过缩减进出口规模来促使制造业企业出口国内附加值率水平的上升？

另一方面，一般贸易和加工贸易的二元结构是中国对外贸易格局的典型特征，两者在全球价值链分工环节中存在着巨大的差异。Koopman 等（2012）、Kee 和 Tang（2016）的研究表明，较之于加工贸易企业，中国一般贸易企业的出口国内附加值率高出将近 50%，这也意味着生产性服务业开放有可能借助于贸易方式的结构升级，即推动国内企业由低出口国内附加值水平的加工贸易向高出口国内附加值水平的一般贸易转变，从而实现企业自身乃至行业总体国内附加值率水平的提升。本书将前一种进出口规模变化路径称为规模效应，后一种贸易方式结构转变路径称为结构效应，表5-8报告了这两种效应的检验回归结果。

5.4.1 规模效应：生产性服务业开放与制造业企业进出口规模变化

由于制造业企业出口国内附加值率水平的提高可能是由进出口规模缩减所引起的，本部分首先讨论生产性服务业开放与企业出口总规模、中间品进口规模之间的相互关系。表5-8中第（1）列汇报了以企业出口总规模为被解释变量的估计结果，可以发现，生产性服务业开放的估计系数为1.7134，并且在1%的统计水平上显著。由表5-8中第（2）列可知，生产性服务业开放对企业中间品进口规模具有显著的正向影响，估计系数为1.5946。分析上述结果发现，生产性服务业开放并没有导致企业出口总规模和中间品进口规模出现明显的缩减，相反的是产生了显著的正向推动作用，同时对出口总规模的促进效应大于中间品进口规模，从而最终实现企业出口国内附加值率的提升。这一结果证实了上文提出的问题是不存在的，即生产性服务业开放对企业出口国内附加值率的促进作用并没有对中国企业参与全球化的广度和深度造成负面影响，而是通过提高出口企业整合利用进口中间品的效率，增强其创造出更多国内附加值的能力，推动中国制造业企业加快向全球价值链中高端环节迈进。

5.4.2 结构效应：生产性服务业开放与制造业企业贸易方式结构转变

考虑到一般贸易和加工贸易所处国际分工地位的迥异，以及两者在企业出口国内附加值率上的差距，可以推断出制造业企业贸易方式结构转变可能会对出口国内附加值率的增长带来不容忽视的影响。因此，本部分将着重探讨生产性服务业开放是否会通过引发企业贸易方式的转变，进而提高国内企业的出口国内附加值率。表5-8中第（3）至第（4）列汇报了生产性服务业开放与企业贸易方式转变的回归结果，其中第（3）列的被解释变量为出口企业是否由一般贸易转向加工贸易的虚拟变量,而第(4)列的被解释变量则为出口企业是否由加工贸易转向一般贸易的虚拟变量①。由于上述被解释变量为 0 或 1 的虚拟变量,这里采用 Logit 模型进行估计分析。回归结果表明,生产性服务业开放在显著降低出口企业由一般贸易转向加工贸易概率的同时,显著提高了出口企业由加工贸易转向一般贸易的概率,意味着生产性服务业开放通过促进出口企业更多地向国内附加值率较高的一般贸易转变,达到提升中国制造业企业出口国内附加值率的目的。

表 5-8 规模效应和结构效应的检验结果

变量	规模效应		结构效应	
	(1)	(2)	(3)	(4)
	出口总规模	中间品进口规模	一般转加工	加工转一般
PSOI	1.7134***	1.5946***	−1.0834*	1.4965**
	(0.2063)	(0.2086)	(0.6413)	(0.6232)
控制变量	是	是	是	是
企业效应	是	是	是	是
年份效应	是	是	是	是
观测值	211845	211850	211764	211764
R^2/伪 R^2	0.6786	0.6555	0.3794	0.3705

综合而言,规模效应和结构效应是生产性服务业开放影响制造业企业出口国内附加值率的重要途径。生产性服务业开放对企业出口国内附加值率的提升作用,并没有以企业进出口规模缩减和参与全球化的广度深度下降为代价,而是依靠于高效利用丰富的进口中间品资源,加快企业贸易方式由低出口国内附加值率的加工贸易向高出口国内附加值率的一般贸易转变来实现的。生产性服务业开放成为中国制造业企业提升出口国内附加值率与获取更高国际分工地位的有效方式。

① 当出口企业在 t 年为一般贸易企业,而在 t+1 年为加工贸易企业时,则一般贸易转向加工贸易虚拟变量在 t 年取值为 1,其余年份一般贸易企业为 0,加工贸易转向一般贸易虚拟变量的取值方法与之相类似。

5.5 本章小结

本章利用中国工业企业数据库和海关贸易数据库的匹配数据，从实证层面上分析了生产性服务业开放对制造业出口国内附加值率的影响程度，并基于中介效应模型验证两者之间的传导作用渠道，实证检验结果得出以下结论：

第一，从制造业出口产品纵向升级的角度来看，生产性服务业开放对制造业企业提升出口国内附加值率具有明显的促进作用。本章分别从不同情形下的出口国内附加值率测算、改变生产性服务业开放的衡量指标、更换基准模型估计方法、控制同时期内其他政策的影响等方面进行分析，证实了这一核心结论的稳健性。

第二，为了解决模型中可能存在的内生性问题，本章基于 Heckman 两阶段模型和两阶段最小二乘法（2SLS）展开讨论，同样选取巴西生产性服务业开放指数作为中国生产性服务业开放指数的工具变量，核心解释变量仍然通过了显著性水平检验，并且与基准回归结果相比，其影响方向和系数估计值大小基本保持一致。

第三，异质性分析结果表明，生产性服务业开放对一般贸易企业出口国内附加值率的促进作用大于加工贸易和混合贸易企业；对于民营企业和外资企业的出口国内附加值率表现出显著的推动作用，但是国有企业得到的促进效应却是不显著的；技术密集型企业受到生产性服务业开放促进作用大于劳动密集型企业和资本密集型企业；相较于东部地区企业的有效提升，中部地区和西部地区企业的估计系数并不显著。

第四，提高企业成本加成和降低国内中间品价格是生产性服务业开放提升制造业企业出口国内附加值率的重要渠道。生产性服务业开放对制造业企业出口国内附加值率的促进作用并没有以企业进出口规模的缩减和参与全球化的广度深度下降为代价，而是依靠高效整合利用进口中间品资源、推动贸易方式更多地由低出口国内附加值的加工贸易向高出口国内附加值的一般贸易进行转变。

6 生产性服务业开放对中国制造业出口产品质量的影响

6.1 问题提出

自 2001 年加入世界贸易组织（WTO）之后，中国的对外贸易总量实现迅速扩张，很快跃升为世界出口大国，出口总额连续多年稳居全球首位，中国制造产品享誉世界。然而在贸易规模快速增长的背后，中国制造业出口产品纵向升级的短板不足逐渐显现，例如很多国内制造业出口企业采取低品质、低价格的竞争策略进入到国际市场，出现以产品品质的下滑为代价来换取出口规模持续扩大的问题（李坤望等，2014）。中国出口贸易活动中的高速度增长与产品纵向升级所要求的高质量、高效益发展并不协调同步，部分学者利用样本量丰富的海关数据发现中国制造业出口产品质量呈现出略有下降的总体趋势，由此产生了中国出口产品的"质量变动之谜"（张杰等，2014；刘啟仁和铁瑛，2020）。

针对引起中国制造业出口产品质量变化的因素，现有研究分别从不同角度进行了广泛的探讨。Manova 和 Yu（2017）、许家云等（2017）均得出进口高质量的中间产品有利于制造业企业出口产品质量的提升，并且中间品贸易自由化能够增强这一正向效应（Fan et al.，2015；石小霞和刘东，2019）。也有不少文献考察了人民币汇率升值（张明志和季克佳，2018）、企业上市行为（祝树金和汤超，2020）、劳动保护力度（李波和杨先明，2021）、银行业竞争（王浩等，2021）等方面对出口产品质量的影响作用。此外，重大的政策变动因素也得到很多学者的充分关注，例如，国有企业改制（王海成等，2019）、高等教育扩招（明秀南和冼国明，2021）、共建"一带一路"倡议实施（卢盛峰等，2021）。

随着劳动力成本、资源禀赋等传统出口优势逐渐削弱，中国粗放式的出口增长模式已经难以为继，加快产品纵向升级活动中的出口产品质量提升的必要性、紧迫性日益彰显。生产性服务业作为高知识密集型产业的代表，其主要是满足生产者而非最终消费者的需求。通过投入更多的生产性服务中间产品，能够有效地降低制造业企业的运营管理成本，同时提高其生产效率和技术水平，进而促进制造业出口产品质量的提升（Maggi and Muro，2013；陈虹和王蓓，2020）。鉴于此，本章选取生产性服务业开放作为研究切入点，基于微观企业数据分析其与制造业出口产品质量之间的关系，并且考虑到出口产品种类、企业发展阶段、行业竞争程度以及不同出口目的国所带来的异质性影响；利用中介效应模型检验生产率水平和固定投入效率的作用机制是否成立，讨论了中间品和最终品贸易自由化对本书研究结论的影响，从而全面地认识由于生产性服务业开放的推动，中国制造业出口产品纵向升级活动展现出的产品质量提升效应。

6.2 计量模型、变量选取与数据说明

6.2.1 模型设定

为了分析中国生产性服务业开放对制造业企业出口产品质量的影响程度，本书建立如下的计量回归模型：

$$QUALITY_{ijt} = \alpha_0 + \alpha_1 PSOI_{jt} + \delta X_{ijt} + \upsilon_i + \upsilon_t + \varepsilon_{ijt} \tag{6-1}$$

其中，下标 i 表示企业，j 表示行业，t 表示年份。被解释变量 $QUALITY_{ijt}$ 表示 t 年制造业行业 j 中企业 i 的出口产品质量；核心解释变量 $PSOI_{jt}$ 表示 t 年制造业行业 j 所对应的生产性服务业开放指数；X_{ijt} 表示企业层面和行业层面一系列的控制变量，用来控制企业和行业特征对回归结果产生的影响；υ_i、υ_t 则分别控制相应的企业效应和年份效应；ε_{ijt} 为随机误差项。α_1 为本章最为关注的估计系数，该系数能够准确刻画出中国生产性服务业开放对制造业企业出口产品质量的影响程度。

6.2.2 变量选取

6.2.2.1 被解释变量

企业出口产品质量。本书借鉴 Khandelwal 等（2013）、施炳展和邵文波（2014）的研究思路，以包含产品质量信息的消费者效用函数为基础，利用目前被广泛使用的需求信息反推法来测算出企业的出口产品质量。首先，假定市场中代表性消费者满足 CES 效用需求函数，则其效用函数的基本设定如下：

$$U_{mt}^k = \left[\sum_k \left(\lambda_k q_k \right)^{\frac{\sigma-1}{\sigma}} \right]^{\frac{\sigma}{\sigma-1}} \tag{6-2}$$

其中，U_{mt}^k 表示第 t 年 m 国消费者从产品 k 的消费中所获得的效用；λ_k、q_k 分别表示产品 k 的质量和数量；σ 表示不同产品之间的替代弹性且大于 1。对应的价格指数 P_{mt}^k 为：

$$P_{mt}^k = \sum_{i=1}^{N_{kt}} p_{ikmt}^{1-\sigma} \lambda_{ikmt}^{\sigma-1} \tag{6-3}$$

其中，i 表示企业；N_{kt} 表示生产 k 产品的企业总数，这里假设每个企业只生产一种产品种类，则 N_{kt} 也可以表示产品 k 的种类数；一般而言，消费者的需求量主要取决于产品的质量和价格，因此企业 i 生产的产品 k 所对应的需求函数应当为：

$$q_{ikmt} = p_{ikmt}^{-\sigma} \lambda_{ikmt}^{\sigma-1} \frac{E_{mt}}{P_{mt}} \tag{6-4}$$

其中，E_{mt} 表示第 t 年 m 国消费者的总支出，P_{mt} 表示总体价格指数。公式（6-4）两边同时取自然对数，并进行简单的线性处理后可以得到：

$$\ln q_{ikmt} = (\sigma-1)\ln\lambda_{ikmt} - \sigma\ln p_{ikmt} + \ln E_{mt} - \ln P_{mt} \tag{6-5}$$

这里令 $\psi_{mt} = \ln E_{mt} - \ln P_{mt}$，采用进口国—年份虚拟变量来控制进口国消费总支出和价格指数的差异；$\ln p_{ikmt}$ 表示第 t 年企业 i 对 m 国出口产品 k 的价格；式（6-5）进一步整理为：

$$\ln q_{ikmt} = \psi_{mt} - \sigma\ln p_{ikmt} + \varepsilon_{ikmt} \tag{6-6}$$

其中，$\varepsilon_{ikmt} = (\sigma-1)\ln\lambda_{ikmt}$，$\varepsilon_{ikmt}$ 为包含产品质量信息的残差项；由于出口产品质量和产品价格具有相关性，导致测算结果可能产生偏误，参照 Nevo（2001）、魏浩和连慧君（2020）的构建方法，本书选取企业出口到其他市场的产品平均价格作为工具变量来解决这一内生性问题。在考虑了模型的内生性之后对公式（6-6）进行回归，根据回归结果将出口产品质量定义为：

$$tquality_{ikmt} = \ln\hat{\lambda}_{ikmt} = \frac{\hat{\varepsilon}_{ikmt}}{\sigma-1} = \frac{\ln q_{ikmt} - \ln\hat{q}_{ikmt}}{\sigma-1} \tag{6-7}$$

由式（6-7）可知，残差项 ε_{ikmt} 和不同产品间的替代弹性 σ 决定了出口产品质量 $quality_{ikmt}$ 的大小。已有文献很多将产品间的替代弹性 σ 设定为一个固定值，但是这种做法存在着较大的测度误差，可能会导致相应估计结果的可信度出现一定下降，因为在使用残差法估计出口产品质量时，该方法对产品替代弹性的设定较为敏感。本书参考叶迪和朱林可（2017）、樊海潮等（2020）的处理方法，利用 Broda 和 Weinstein（2006）提供的产品替代弹性数据计算出每个 HS2 位编码上的 σ 值[①]。由于 HS6 位编码产品的质量绝对值并不具有可比性，但是每种 HS6 位编码产品的质量相对值却是可以比较的，本书对"企业—产品—国家—年份"层面的出口产品质量进行如下的标准化处理：

$$stdquality_{ikmt} = \frac{tquality_{ikmt} - \mathrm{min}tquality_{ikmt}}{\mathrm{max}tquality_{ikmt} - \mathrm{min}tquality_{ikmt}} \tag{6-8}$$

---

① Broda 和 Weinstein（2006）提供了 HS10 位编码上的产品替代弹性数据，为了最大限度地减少数据合并过程中的样本损失，本书基于樊海潮等（2020）的主要步骤，使用 HS2 位编码上的 σ 进行衡量，相应的产品替代弹性数据来源于 http：//www. columbia. edu/~dew35/TradeElasticities/TradeElasticities. html。

其中，$\text{max}tquality_{ikmt}$ 和 $\text{min}tquality_{ikmt}$ 分别表示所有样本年份中 HS6 位编码产品所对应的出口产品质量的最大值和最小值，标准化处理后的出口产品质量指标处于 [0，1]，能够进行不同维度层面的加总比较。由于本书的研究对象是企业层面的出口产品质量，需要采取以下方法对出口产品质量进行加权处理，并最终得到"企业—年份"层面的出口产品质量：

$$quality_{it} = \sum_{it \in \Omega} \frac{value_{ikmt}}{\sum_{\Omega} value_{ikmt}} \times stdquality_{ikmt} \qquad (6-9)$$

其中，$quality_{it}$ 为企业层面的出口产品质量，$value_{ikmt}$ 表示样本年份中企业某种产品的出口金额，Ω 代表某一层面的样本集合。通过以产品出口金额作为权重进行加权平均，能够反映出同一集合内不同产品的出口贡献程度，从而实现更为全面地测度企业出口产品质量的目的。

6.2.2.2 核心解释变量

生产性服务业开放指数。本章同样也是从外资参股限制的角度计算得到中国的生产性服务业开放指数，具体的衡量方式与上文相同，不再进行相应的赘述。

6.2.2.3 控制变量

①劳动生产率（$LABOR$），采用工业总产值与企业全部就业人员人数比值的对数来表示。②企业规模（$SCALE$），使用企业当年的销售额来衡量，并取其对数形式。③企业利润率（$PROFIT$），采用企业净利润与企业销售额的比值来表示，企业净利润是以利润总额和补贴收入之间的差值为衡量指标。④融资能力（FIN），使用企业的利息支出占其主营业务销售收入的比重来表示。行业集中度、国有企业虚拟变量以及外资企业虚拟变量的测算定义方法与上文的相同。

6.2.2.4 数据来源和匹配处理

为了探讨中国生产性服务业开放与制造业企业出口产品质量之间的关系，与第 4 章和第 5 章相一致，本章采取相同的方法对中国工业企业数据库和海关贸易数据库这两个高度细化的微观数据集合进行匹配合并，样本区间跨度为2000~2007 年。此外，本书所使用的研究数据还包括对应年份的《外商投资产业指导目录》和 2002 年的中国投入产出表，由于《外商投资产业指导目录》先后进行多次的修订调整，本章在进行 2000~2001 年测度时使用 1997 年版本，2002~2004 年使用 2002 年版本，2005~2007 年使用 2004 年版本。主要变量的描述性统计结果如表 6-1 所示。

表 6-1　主要变量的描述性统计结果

变量名称	符号	观测值	均值	标准差	最小值	最大值
企业出口产品质量	*QULITY*	210431	0.7599	0.1052	0	1
生产性服务业开放指数	*PSOI*	210431	0.6984	0.0311	0.5063	0.9407
劳动生产率	*LABOR*	210431	1.9250	0.1408	0.0055	2.7010
企业规模	*SCALE*	210431	5.3910	1.1301	2.1972	9.9251
企业利润率	*PROFIT*	210431	0.2015	0.0170	0.0028	0.7246
融资能力	*FIN*	210431	0.1493	0.0319	0.0892	0.3680
行业集中度	*HHI*	210431	0.0124	0.0045	0.0057	1
国有企业虚拟变量	*SOE*	210431	0.0546	0.2272	0	1
外资企业虚拟变量	*FOE*	210431	0.5827	0.3749	0	1

6.3　实证结果及分析

6.3.1　基准回归结果分析

生产性服务业开放影响制造业企业出口产品质量的基准回归结果如表 6-2 所示。本书采取依次加入控制变量和企业、年份固定效应的做法，发现中国生产性服务业开放指数与制造业企业出口产品质量两者间表现出显著的正相关关系，根据第（1）至第（4）列的估计结果可知，其影响方向和显著性水平并没有发生很大的变动，充分表明对于中国制造业企业的出口产品质量而言，扩大生产性服务业开放能够对其产生出显著的正向提升效应。

表 6-2 基准回归结果

变量	（1）	（2）	（3）	（4）
PSOI	0.7335***	0.5298***	0.6062***	0.4758***
	(0.0091)	(0.0264)	(0.0260)	(0.0271)
LABOR		0.0853***		0.0843***
		(0.0025)		(0.0026)
SCALE		0.0037***		0.0001
		(0.0006)		(0.0007)
PROFIT		0.0017***		0.0024***
		(0.0005)		(0.0005)
FIN		0.0102***		0.0120***
		(0.0005)		(0.0006)
HHI		−0.0142		−0.0975
		(0.0821)		(0.0752)
SOE		−0.0101***		−0.0166***
		(0.0009)		(0.0010)
FOE		0.0463***		0.0414***
		(0.0006)		(0.0004)
常数项	0.1214***	0.1303***	0.2694***	0.2705***
	(0.0085)	(0.0253)	(0.0128)	(0.0261)
企业效应	否	否	是	是
年份效应	否	否	是	是
观测值	210431	210431	210431	210431
R^2	0.2276	0.2593	0.2379	0.2580

注：括号内为稳健标准误，***、**、*分别表示在1%、5%、10%的统计水平上显著。本章下表同。

从控制变量的回归结果中可以看出，劳动生产率的估计系数在1%的统计水平上一直显著为正，意味着劳动生产率越高的企业通常可以生产出更多的高质量产品。企业经营规模的系数估计值尽管为正，但是在考虑年份固定效应之后并没有通过相应的显著性水平检验。企业利润率和融资能力均与出口产品质量具有显著的正相关关系，表明良好的盈利水平和融资能力能够为企业的出口产品质量升级活动提供坚实有力的资金保障。行业集中度的影响系数虽然为负，但是没有通过相应的水平统计性检验。国有企业虚拟变量的系数估计值在1%的统计水平上显著为负，外资企业虚拟变量的影响方向则与之相反，说明中国的国有企业相较于外资企业而言，其出口产品的总体质量水平并不高，普遍处于国际市场竞争的劣势地位。外资企业则拥有先进的生产技术与丰富的经营管理经验，出口产品质量领先优势较为突出。

6.3.2 稳健性检验

基于验证基准回归结果稳健性的需要，本书将从替换出口产品质量和生产性服务业开放衡量指标、补充样本企业的数据区间、采用双限制 Tobit 模型估计方法、剔除样本中的极端观测值等方面进行一系列的稳健性检验。

6.3.2.1 替换出口产品质量的测度指标

由于上文仅仅是从需求层面对出口产品质量进行测算，简单地将产品质量视为外生因素，为了克服上述缺陷对测算结果造成的影响，本书依据 Feenstra 和 Romalis（2014）、余淼杰和张睿（2017）使用的方法，综合考虑供给和需求两个层面的因素，考虑到出口产品质量由企业内生决定这一事实，基本估计公式为：

$$quality_{ikmt} = \theta_k \left[\ln(\eta_{km} \times p_{ikmt}) - \ln(\omega_{it}/\varphi_{it}) \right] \tag{6-10}$$

其中，$\eta_{km} = \alpha_{km}\theta_k(\sigma_k - 1)/[1 + \alpha_{km}\theta_k(\sigma_k - 1)]$，进一步整理可得：

$$quality_{it}^{adj} = \theta_k \left[\ln\eta_{km} + \ln p_{ikmt} + \ln\varphi_{it} - \ln\omega_{it} \right] \tag{6-11}$$

其中，α_{km}、θ_k、σ_k 分别是 Feenstra 和 Romalis（2014）估计出的各国在 SITC 第二版 4 分位产品层面上的结构性参数，通过 HS 与 SITC 转换表将 HS6 位编码与 SITC4 位编码进行匹配，进而得到每个 HS6 位编码在产品—国家层面上 α_{km}、θ_k、σ_k 的参数值；p_{ikmt} 的含义与上文是一致的，即企业出口到 m 国的产品 k 的单位价值；ω_{it} 为投入品成本水平，因为 Feenstra 和 Romalis（2014）假设企业只有劳动力一种投入品，采用企业当年应付工资总额与就业人员总数的比值来衡量投入品成本；φ_{it} 代表企业的生产率水平，这里以劳动生产率作为测算指标。表 6-3 中第（1）列汇报了以 $quality_{it}^{adj}$ 作为被解释变量的估计结果，可知生产性服务业开放的系数估计值为 0.3965，并且通过了 5% 的显著性水平检验，从而印证了生产性服务业开放对于重新测度的出口产品质量具有正向促进作用，上文的主要核心结论依然成立。

6.3.2.2 改变生产性服务业开放的衡量指标

通过利用外生性较强的生产性服务业开放政策指标，在一定程度上可以减弱内生性问题导致的估计偏误。鉴于生产性服务业开放指标构建中存在着内生性问题，本部分基于苏丹妮和邵朝对（2021）的主要思路，采用经济合作与发展组织（OECD）发布的外商直接投资限制指数（FDI Restrictiveness Index），重新测算中国生产性服务业各个细分行业的外资管制程度，这一指数取值范围为 0 至 1 之间，0 表示完全开放，1 表示完全限制，数值越大代表该行业所面临的外资管制程度越为严格。由于外商直接投资限制指数并不是每年都会公布，但相邻年份的外商直接投资管制程度差别很小，参照彭书舟等（2020）的处理方法进行相应年份限制指数的平移替代。关于生产性服务业细分行业与各制造业行业间的投入产出关系，这里采用世界投入产出数据库（WIOD）提供的对应年份的中国投入产出数据进行替换。基于调整过的生产性服务业开放指标进行回归分析，检验结果如表 6-3 中第（2）列所示，可以发现生产性服务业开放的估计系数显著为正，表明生产性服务业开放对出口产品质量提升的推动作用并没有因其衡量方法的不同而发生变化。

6.3.2.3 补充样本企业的数据区间

中国工业企业数据库在 2008 年以及之后的年份数据质量有所下降，其中 2009 年和 2010 年的数据指标缺失较为严重，大量企业的样本信息不全或异常，实际运用中很多研究将上述年份的数据予以剔除（沈国兵和袁征宇，2020；邵朝对等，2021）。基于样本区间的连续性和可得性考虑，本章将采用 2011~2013 年匹配合并后中国工业企业数据与海关贸易数据，探讨分析生产性服务业开放与企业出口产品质量之间的关系。

本章利用 2011 年国家发展改革委等部门颁布的《外商投资产业指导目录》版本，重新对中国生产性服务业的外资管制程度进行赋值，同时借助 2012 年的中国投入产出表来界定生产性服务业与制造业细分行业的投入产出关系，从而计算出制造业细分行业使用生产性服务产品作为其中间投入品的比重。出口产品质量的测算方法与上文相同，同样采用需求信息反推法得到企业层面的出口产品质量。表6-3中第（3）列报告了回归结果，在改变样本企业所处的研究区间之后，生产性服务业开放指数依然通过了显著性水平检验并且估计系数为正值，意味着数据区间的调整并不会影响到基准核心结论的成立。

6.3.2.4 其他稳健性检验

为了更好地展开指标的加总和比较，本书对企业出口产品质量进行了标准化处理，使得其取值区间位于 [0，1]，对于这一类设限数据而言，传统的回归方法有可能带来数据截留等估计偏差。因此，本部分利用双限制 Tobit 模型对上文的基准模型重新进行估计，将因变量的上下限取值分别设定为 1 和 0，实证检验结果汇报于表6-3中第（4）列，结果显示生产性服务业开放的估计系数为0.4798，并且通过了1%的显著性水平检验，与基准回归中核心解释变量系数估计值相差不大，说明本书的核心结论不会因估计模型的变化而改变。

如果样本企业中存在着很多的极端观测值，将会使得研究数据呈现出厚尾分布的统计性特征，使得回归系数估计的准确度出现降低。为了最大限度上减轻样本极端值对实证检验结果所带来的不利干扰，本书对核心解释变量即中国生产性服务业开放指数进行了前后1%的缩尾处理，在剔除数据样本中的极端观测值之后再次进行回归。如表6-3中第（5）列所示，总体而言，生产性服务业开放对企业出口产品质量依旧产生显著的正向影响，进一步验证了上文基准估计结果的稳健性。

表6-3 稳健性检验

变量	（1）替换出口产品质量的测度指标	（2）改变生产性服务业开放指标	（3）补充样本企业的数据区间	（4）Tobit 模型估计	（5）剔除样本极端值
PSOI	0.3965 ** (0.1226)		0.5624 * (0.2803)	0.4798 *** (0.0273)	0.4612 *** (0.0259)
PSFRI		0.5063 *** (0.0297)			

续表

变量	（1）替换出口产品质量的测度指标	（2）改变生产性服务业开放指标	（3）补充样本企业的数据区间	（4）Tobit 模型估计	（5）剔除样本极端值
控制变量	是	是	是	是	是
企业效应	是	是	是	是	是
年份效应	是	是	是	是	是
观测值	210431	210431	105387	210431	210431
R^2	0.2420	0.2380	0.1965	0.1547	0.2466

6.3.3　内生性问题处理

6.3.3.1　样本选择性偏差处理

本书所进行的产品质量测算是以出口产品数量和价格数据为基础的，中国海关贸易数据库详细地记录了制造业出口企业的有关指标数据，这使研究对象在很大程度上局限于出口企业，但是现实经济活动中也存在着大量的非出口内销企业，这些企业也面临着产品质量的诸多决定性因素，当仅仅以出口企业作为研究对象时，就很有可能带来样本选择性偏误问题。

Heckman（1979）提出的两阶段模型能够有效地解决这一问题，第一阶段是利用 Probit 模型来估计企业的出口概率。正如上文所述，这里参考刘斌等（2016）的界定方法，当样本区间内制造业企业的出口交货值大于零时，出口概率所对应的虚拟变量取值为 1，否则取值为 0，其余变量含义与基准回归方程相同。第二阶段是将第一阶段回归得到的逆米尔斯比率（*IMR*）作为特定解释变量进行估计，从而达到控制样本选择性偏差的目的。表 6-4 中第（1）列Heckman 第一阶段的结果显示：生产性服务业开放显著地提高了制造业企业的出口概率；由第（2）列中 Heckman 第二阶段的回归结果可知，逆米尔斯比率通过了显著性水平检验，说明模型分析中的样本选择效应是显著存在的，印证了采用 Heckman 两阶段法进行分析的合理必要性。生产性服务业开放的系数估计值在 1%的统计水平上显著为正，与上文的基准回归结果基本保持一致，表明样本选择性偏差问题并没有影响到本书核心结论的成立性。

6.3.3.2 遗漏其他非观测因素处理

本书所研究的生产性服务业开放指数和制造业企业出口产品质量并不处于同一维度层面，意味着生产性服务业开放的行业政策能够作用于制造业企业的出口产品质量，而单个制造业企业的出口行为并不能反过来影响生产性服务业总体开放政策，则由变量间的逆向因果关系所引起内生性问题的可能性不大。然而考虑到如果遗漏其他一些非观测因素，同样也会给模型带来内生性问题，因此，与上文的章节保持一致，本部分依然选取巴西生产性服务业开放指数作为相应的工具变量，以此来进行两阶段最小二乘法（2SLS）估计，进而缓解内生性问题对实证结果造成的不利影响。

这一工具变量的回归结果如表 6-4 中第（3）列和第（4）列所示。Kleibergen-Paap rk LM 统计量检验结果在 1% 显著性水平上拒绝了"工具变量识别不足"的原假设；Kleibergen-Paap rk Wald F 统计量的估计值为 369.21，明显大于 Stock-Yogo 检验在 10% 显著性水平上的临界值 16.38，同样是拒绝了"工具变量是弱识别"的原假设。因此，该工具变量的选择具备合理有效性，模型的估计结果是可靠的。由第一阶段的回归结果可知，工具变量的估计系数在 5% 的统计水平上显著为正，说明中国与巴西的生产性服务业开放程度的确是密切相关的。根据第二阶段的回归结果得出生产性服务业开放可以显著地提升中国制造业企业的出口产品质量，与上文的基准回归结果相比，生产性服务业开放的影响方向并没有发生变化，本书的主要研究结论依然成立。

表 6-4 内生性检验结果

变量	（1）	（2）	（3）	（4）
	Heckman 两阶段法		工具变量法	
	第一阶段	第二阶段	第一阶段	第二阶段
PSOI	0.2394 ** (0.0832)	0.4038 *** (0.0195)		
IMR		0.0036 ** (0.0012)		

变量	（1）	（2）	（3）	（4）
	Heckman 两阶段法		工具变量法	
	第一阶段	第二阶段	第一阶段	第二阶段
$PSOI^{IV}$			0.6593** （0.2826）	
$PSOI$				0.5175*** （0.0349）
Kleibergen-Paap rk LM 统计量			415.52*** ［0.0000］	
Kleibergen-Paap rk Wald F 统计量			369.21	
控制变量	是	是	是	是
企业效应	是	是	是	是
年份效应	是	是	是	是
观测值	283857	202960	210431	209286
R^2	0.3282	0.2853	0.5104	0.4402

注：Kleibergen-Paap rk LM 统计量括号内为 P 值，其余变量括号内为稳健标准误。

6.3.4 异质性分析

本章接下来将从出口产品种类、企业发展阶段、行业竞争程度以及不同出口目的国四个方面入手，进一步分析生产性服务业开放对制造业企业出口产品质量所带来的异质性影响。

6.3.4.1 出口产品种类

当前国际分工格局下多产品出口企业的重要性日益突出，其相较于单一产品企业往往表现出更好的企业绩效和生产率水平（Goldberg et al. , 2010；蒋灵多和陈勇兵，2015）。本书依据 Lu 等（2013）的分类方法，将样本期内出口多种产品的企业定义为多产品企业，而只出口一种产品的企业则为单产品企业。回归结果如表 6-5 中第（1）至第（3）列所示，得出多产品企业和单产品企业的估计系数均通过了显著性水平检验并且为正值，本书进一步以单产品企业为基准，在全样本回归中引入多产品企业虚拟变量（*MUL*）与核心解释变量的交互项，发现较之于单产品企业，生产性服务业开放对多产品企业的出口产品质量产生出更大的促进作用，原因可能在于多产品出口企业在经营规模、生产效率、技术水平等方面具有更大的优势，生产性服务要素资源利用程度较高，能够充分扩大生产性服务业开放对出口产品质量的提升空间。

6.3.4.2 企业发展阶段

出口企业所处的发展阶段能够反映出其生产能力的成熟性和产品结构的完备性，对于提高自身的出口产品质量水平具有不容忽视的影响（宋跃刚和郑磊，2020）。借鉴谢申祥等（2021）的主要做法，按照企业存续年限将出口企业分别划分为初创型企业、发展型企业以及成熟型企业[①]。表6-5中第（4）至第（7）列汇报了对应的估计结果，无论是基于分组回归的估计系数比较分析，还是通过在基准回归模型中纳入核心解释变量与发展型企业虚拟变量（*DEV*）、成熟型企业虚拟变量（*MAT*）的交互项，回归结果均表明生产性服务业开放有利于提高发展型企业和成熟型企业的出口产品质量，但对初创型企业出口产品质量的正向推动作用相对较小且并不显著。初创型企业规模实力普遍较弱，产品结构体系不够完备；发展型企业和成熟型企业则拥有完善的生产能力和产品结构，从而更加易于发挥中国生产性服务业开放对出口产品质量的促进作用。

表 6-5　异质性分析回归结果 I

变量	出口产品种类			企业发展阶段			
	（1）	（2）	（3）	（4）	（5）	（6）	（7）
	多产品企业	单产品企业	全样本	初创型企业	发展型企业	成熟型企业	全样本
PSOI	0.5385***	0.1095**	0.0832**	0.1160	0.3126***	0.6753***	0.0912
	(0.0337)	(0.0394)	(0.0261)	(0.0967)	(0.0335)	(0.0498)	(0.1706)
PSOI×MUL			0.3749***				
			(0.1160)				
PSOI×DEV							0.2408**
							(0.0981)

① 初创型企业的存续年限为小于9年，发展型企业的存续年限为9~15年，成熟型企业的存续年限则为大于15年。

变量	出口产品种类			企业发展阶段			
	（1）	（2）	（3）	（4）	（5）	（6）	（7）
	多产品企业	单产品企业	全样本	初创型企业	发展型企业	成熟型企业	全样本
PSOI×MAT							0.5679***
							（0.0925）
控制变量	是	是	是	是	是	是	是
企业效应	是	是	是	是	是	是	是
年份效应	是	是	是	是	是	是	是
观测值	146562	63869	210431	31490	116461	61480	210431
R^2	0.2552	0.1436	0.2382	0.1825	0.2134	0.2096	0.2247

6.3.4.3　行业竞争程度

作为影响企业出口产品质量的重要外部因素，行业竞争程度的激烈与否值得关注。本书参照许家云和张俊美（2020）的划分标准，将样本企业所处的行业分别划分为竞争性行业和垄断性行业。检验回归结果报告于表6-6中第（1）至第（3）列，从分组回归的系数来看，对于处于竞争性行业的企业而言，生产性服务业开放显著地提升了其出口产品质量；但是垄断性行业的估计系数却没有通过显著性水平检验，意味着尚未产生出明显的出口产品质量升级效应。本书以垄断性行业企业为基准，通过在全样本回归中引入生产性服务业开放指数与竞争性行业企业虚拟变量（*COM*）的交互项，进一步证实了上述结论的成立性。在竞争程度较为激烈的行业中，不同企业之间的产品具有很强的替代性，促使企业不断开展创新研发活动来维持其市场竞争优势，而创新研发是出口产品质量提升的关键性因素。垄断性行业企业凭借其垄断能力获得超额利润和行业主导地位，生产性服务业开放对其创新研发行为的激励作用相对较弱，从而很大程度上限制了企业出口产品质量升级活动。

6.3.4.4　不同出口目的国

出口目的国消费者收入水平对于不同质量水平的产品表现出差异化的非位似偏好，在一定程度上决定了制造业出口企业的生产技术特征和产品质量选择（Bastos et al.，2010；明秀南和冼国明，2021）。基于高新月和鲍晓华（2020）

的研究思路，将出口目的国依次区分为发达国家和发展中国家①。估计结果如表6-6中第（4）至第（6）列所示，通过对比不同出口目的国的估计系数大小，以及在全样本回归中采用生产性服务业开放指数与出口到发达国家企业虚拟变量（DEC）的交互项进行再检验，可以发现无论是出口到发达国家还是出口到发展中国家，生产性服务业开放均有利于提升其出口产品质量，但是与出口到发展中国家的产品相比，出口到发达国家的产品质量水平正向提升幅度更大。由于发达国家的人均收入水平普遍高于发展中国家，生产性服务业开放使得出口企业倾向于选择投入更多的服务要素和先进技术，并生产出具有更高质量水平的产品，以此来满足发达国家高标准的产品消费需求，也加快了制造业企业自身的出口产品质量提升进程。

表6-6　异质性分析回归结果Ⅱ

变量	行业竞争程度			不同出口目的国		
	（1）	（2）	（3）	（4）	（5）	（6）
	竞争性行业	垄断性行业	全样本	发达国家	发展中国家	全样本
PSOI	0.4818***	0.3512	0.1409	0.4950***	0.4233**	0.2206*
	（0.0287）	（0.2904）	（0.1875）	（0.0537）	（0.1619）	（0.1274）
PSOI×COM			0.3218***			
			（0.0963）			
PSOI×DEC						0.3072***
						（0.0852）
控制变量	是	是	是	是	是	是
企业效应	是	是	是	是	是	是
年份效应	是	是	是	是	是	是
观测值	174059	36372	210431	123675	86756	210431
R²	0.2451	0.2221	0.2087	0.2834	0.2435	0.2766

6.3.5　影响机制检验

通过上文的分析结果发现，生产性服务业开放和制造业企业出口产品质量

---

①　发达国家主要包括法国、芬兰、西班牙、德国、爱尔兰、瑞典、荷兰、瑞士、英国、奥地利、比利时、挪威、卢森堡、丹麦、葡萄牙、加拿大、美国、新西兰、澳大利亚、新加坡、韩国、日本等。

之间呈现出显著的正相关特征。为了更深入地理解生产性服务业开放和制造业企业出口产品质量的内在机制联系，本部分基于上文理论机制部分推导得出的结论，即生产性服务业开放通过影响制造业企业生产率和固定投入效率作用于其出口产品质量水平，建立起中介效应模型来验证上述影响渠道是否成立，计量模型构建如下：

$$QUALITY_{ijt} = a_0 + a_1 PSOI_{jt} + aX_{ijt} + \upsilon_i + \upsilon_t + \varepsilon_{ijt} \qquad (6-12)$$

$$TFP_{ijt} = b_0 + b_1 PSOI_{jt} + bX_{ijt} + \upsilon_i + \upsilon_t + \varepsilon_{ijt} \qquad (6-13)$$

$$QUALITY_{ijt} = c_0 + c_1 PSOI_{jt} + c_2 TFP_{ijt} + cX_{ijt} + \upsilon_i + \upsilon_t + \varepsilon_{ijt} \qquad (6-14)$$

$$FIE_{ijt} = d_0 + d_1 PSOI_{jt} + dX_{ijt} + \upsilon_i + \upsilon_t + \varepsilon_{ijt} \qquad (6-15)$$

$$QUALITY_{ijt} = e_0 + e_1 PSOI_{jt} + e_2 FIE_{ijt} + eX_{ijt} + \upsilon_i + \upsilon_t + \varepsilon_{ijt} \qquad (6-16)$$

其中，TFP_{ijt} 表示制造业企业的生产率水平，这里采用 LP 半参数法对企业全要素生产率进行衡量，避免了 OLS 估计法中的内生性偏误和 OP 方法中投资变量反馈不全面的问题，同时借鉴龚关和胡关亮（2013）方法对相应的名义变量进行价格指数平减。FIE_{ijt} 表示企业的固定投入效率，已有研究多以研发效率作为固定投入效率的测度指标，但是工业企业数据库中的企业研发费用存在着大量的样本缺失问题。与 Xu 和 Lu（2009）、苏丹妮等（2018）的做法相一致，本书是以与企业研发行为密切相关的无形资产为研究切入点，采用企业总资产中无形资产所占比重作为固定投入效率的衡量指标。

表 6-7 中第（1）列报告了本章的基准回归结果，核心解释变量的估计系数显著为正，满足了进行中介效应检验的前提条件。生产率水平中介效应的检验结果如表 6-7 中第（2）至第（3）列所示，在控制了其他变量和固定效应之后，生产性服务业开放对企业生产率水平表现出显著的正向促进作用；第（3）列的结果显示，相较于基准回归结果，将生产率水平和控制变量纳入模型之中，生产性服务业开放的系数估计值出现下降。出于实证结果的稳健性考虑，本书参考谢红军等（2021）的检验思路，计算得出 Sobel 检验统计量的取值为 2.04，大于其在 5% 显著性水平的临界值 0.97，表明回归模型中存在生产率水平的中介效应。

固定投入效率中介效应的检验结果如表 6-7 中第（4）至第（5）列所示，

由第（4）列的结果可知，核心解释变量的估计系数为 0.2273，且在 5% 统计水平上显著，说明生产性服务业开放有利于提高企业的固定投入效率。尽管第（5）列的结果中固定投入效率的回归系数没有通过显著性水平检验，但是生产性服务业开放的估计系数在 1% 统计水平上显著为正，系数估计值明显小于基准回归结果的 0.4758，这里需要进行 Sobel 检验以确认中介效应是否成立，基于相应的估计系得到 Sobel 统计量的取值为 1.56，拒绝了不存在中介效应的原假设，从而证实了固定投入效率中介效应的有效性和成立性。上述检验结果表明生产性服务业开放通过提高企业生产率和固定投入效率实现制造业企业出口产品质量的提升。

表 6-7　影响机制的检验结果

变量	基准回归	生产率水平		固定投入效率	
	（1）	（2）	（3）	（4）	（5）
	QUALITY	TFP	QUALITY	FIE	QUALITY
PSOI	0.4758***	0.9079***	0.4641***	0.2273**	0.3912***
	（0.0271）	（0.1116）	（0.0270）	（0.0858）	（0.0843）
TFP			0.0129**		
			（0.0045）		
FIE					0.3724
					（0.2869）
控制变量	是	是	是	是	是
企业效应	是	是	是	是	是
年份效应	是	是	是	是	是
观测值	210431	210431	210431	199275	199275
R^2	0.2580	0.6228	0.2462	0.5196	0.3084

6.4　扩展分析：贸易自由化的影响

　　2001 年正式加入世界贸易组织（WTO）以来，中国持续加快自身的贸易自由化进程，大幅度削减关税及非关税壁垒，比较有代表性的指标如中间品进口关税率，其税率水平由"入世"前的 16.5% 降至 2007 年的 7.5%，下降幅度高达 54.4%（毛其淋和许家云，2016）。一方面，在《服务贸易总协定》（GATS）的推动下，世界主要经济体开始纷纷减少服务贸易开放限制措施，在外资准入、自然人流动、竞争性障碍以及监管透明度等方面放松管制，服务贸易自由化下的生产性服务业开放成为中国下一阶段贸易自由化进程的重点领域（李强，2014；马盈盈，2019）。另一方面，现有文献对贸易自由化与出口产品质量之间的关系进行了充分的讨论，Amiti 和 Khandelwal（2013）、Bas 和 Strauss-Kahn（2015）研究发现无论是最终品还是中间品的关税减让，对于制造业企业出口产品质量升级活动均表现出显著的正向促进作用；刘晓宁和刘磊（2015）、林正静（2019）利用中国的微观企业数据同样得到与其相一致的结论。

基于上述背景，生产性服务业开放对制造业企业出口产品质量的作用效果是否会受到贸易自由化的影响？本部分考虑贸易自由化变量以及贸易自由化变量与生产性服务业开放指数的交互项，将两者纳入基准回归模型中展开分析。根据已有研究普遍采用的做法（Amiti and Konings，2007；毛其淋和盛斌，2013），这里分别以行业的中间品关税和最终品关税水平作为贸易自由化的衡量指标，主要构建方法如下：

$$FT_{jt} = \frac{\sum_{k \in \Omega_{jt}} n_{kt} \times tariff_{kt}}{\sum_{k \in \Omega_{jt}} n_{kt}} \tag{6-17}$$

其中，FT_{jt} 为第 t 年行业 j 的最终品关税水平，Ω_{jt} 表示行业 j 的产品集合，n_{kt} 表示第 t 年 HS6 位编码产品 k 的税目数，$tariff_{kt}$ 表示第 t 年 HS6 位编码产品 k 的进口关税税率[①]。本书参考 Schor（2004）、Topalova 和 Khandelwal（2011）的方法，进一步采用中间品关税水平作为贸易自由化的代理变量，将其定义为：

---

① 本部分所使用的关税数据主要有以下两个来源：2000 年的数据来源于世界银行 WITS 数据库，2001~2006 年的数据则是由 WTO 的 Tariff Download Facility 数据库所提供。

$$IT_{jt} = \sum_{n \in \Theta_{jt}} \left(\frac{input_{nj}^{2002}}{\sum_{n \in \Theta_{jt}} input_{nj}^{2002}} \right) \times FT_{nt} \qquad (6\text{-}18)$$

其中，IT_{jt} 表示第 t 年行业 j 的中间品关税水平，Θ_{jt} 表示行业 j 的投入品集合，$input_{nj}^{2002} / \sum_{n \in \Theta_{jt}} input_{nj}^{2002}$ 表示投入品要素 n 所占的权重，用投入品要素 n 的成本占行业 j 总投入要素成本的比重来表示。为了消除关税水平由于时间的波动可能产生内在的权重变化，本书沿袭 Chen 等（2017）的处理思路，将投入权重固定在样本初期的 2002 年，根据 2002 年的中国投入产出表计算得出相应的权重。FT_{nt} 表示行业 n 的最终品关税水平。

表 6-8 中第（1）至第（2）列报告了中间品贸易自由化的回归结果，本书重点关注中间品贸易自由化与生产性服务业开放的交互项，可以发现在控制其他变量因素之后，两者交互项的系数估计值在 1% 的统计水平上显著为负，表明中间品关税水平下降即中间品贸易自由化水平的提升，能够强化生产性服务业开放对企业出口产品质量的正向促进作用。最终品贸易自由化的估计结果如表 6-8 中第（3）至第（4）列所示，生产性服务业开放与最终品贸易自由化交互项系数通过显著性水平检验，并且一直为负值，意味着降低最终品关税水平也就是提高最终品贸易自由化水平，使得生产性服务业开放对制造业企业出口产品质量的提升效应越为增强。

表 6-8　扩展分析的检验结果

变量	中间品贸易自由化		最终品贸易自由化	
	（1）	（2）	（3）	（4）
PSOI	0.4277***	0.4269***	0.3928**	0.4025**
	(0.0339)	(0.0327)	(0.1506)	(0.1418)
IT	−0.0013	−0.0020**		
	(0.0009)	(0.0009)		
PSOI×IT	−0.0209***	−0.0172***		
	(0.0042)	(0.0040)		
FT			−0.0108*	−0.0076
			(0.0059)	(0.0057)

变量	中间品贸易自由化		最终品贸易自由化	
	（1）	（2）	（3）	（4）
PSOI×FT			−0.0085***	−0.0129***
			（0.0013）	（0.0026）
控制变量	否	是	否	是
企业效应	是	是	是	是
年份效应	是	是	是	是
观测值	210389	210389	210389	210389
R^2	0.1917	0.2423	0.1920	0.2455

6.5 本章小结

本章基于中国工业企业数据库和海关贸易数据库的微观匹配数据，对生产性服务业开放与制造业企业出口产品质量两者之间的关系以及内在影响机理进行了实证检验，所得到的主要研究结论如下：

第一，从制造业出口产品纵向升级的角度来看，生产性服务业开放可以显著地促进中国制造业企业的出口产品质量升级，这一结论在改变出口产品质量和生产性服务业开放衡量指标、补充样本企业的数据区间、采用 Tobit 模型估计方法、剔除样本中的极端观测值等之后，仍然表现出良好的稳健性。

第二，由于样本中可能存在选择性偏误和遗漏其他非观测因素等问题，本章采用 Heckman 两阶段模型和两阶段最小二乘法（2SLS）来进行解决。检验回归结果显示，样本选择性偏差问题并没有影响到本章核心结论的成立性。通过选取巴西的生产性服务业开放指数作为中国生产性服务业开放指数的工具变量，同样可以得到生产性服务业开放显著地提升了制造业企业的出口产品质量这一研究结论。

第三，根据异质性分析结果可知，生产性服务业开放对多产品企业出口产品质量的正向提升效应明显大于单产品企业；发展型和成熟型企业的出口产品质量得到生产性服务业开放的有效提升；对于处在竞争性行业的制造业企业而言，生产性服务业开放对其出口产品质量具有显著的促进作用；生产性服务业开放对出口到发达国家产品质量的提升幅度大于出口到发展中国家的产品。

第四，中介效应的检验结果表明，生产性服务业开放通过提高制造业企业的生产率和固定投入效率促进其出口产品质量的提升。随着中国贸易自由化进程的加快，尤其是以中间品和最终品关税水平下降为代表的贸易自由化水平的提高，生产性服务业开放对制造业企业的出口产品质量升级的推动作用将会得到进一步增强。

7 拓展性分析 I：服务业开放经济高质量发展效应

7.1 问题提出

改革开放40多年来，我国经济保持了长期稳定增长的局面，GDP 的年均增速达到9.5%，创造出中国经济发展的奇迹。但是经济高速增长也带来了高污染、高排放的生态环境问题，随着绿色发展理念的提出，生态环境保护上升至我国社会发展中更为突出的位置，各级环保部门不断加大环境规制力度，充分发挥绿色发展对于经济高质量发展的引领作用。同时，服务业开放作为各国国际经贸合作的重点领域，已成为新时代下我国构建全面对外开放格局的突出着力点。本章就服务业开放、环境规制与经济高质量发展之间的关系展开研究，重点关注服务业开放背景下加强环境规制能否促进经济高质量发展，从而在推动经济增长的同时兼顾生态环境保护，努力实现经济发展中量的合理增长与质的稳步提升。

已有文献主要集中于以下三个方面：第一，经济高质量发展的内涵定义与测度方法。经济高质量发展不单单注重经济运行的数量型增长，更多地体现在稳定的增长趋势、合理的经济结构和经济系统调整优化（钞小静和任保平，

2011；金碚，2018）。很多研究从全要素生产率和综合评价指标体系等方面来测度经济高质量发展水平，宋明顺等（2015）分别从竞争质量、民生质量与生态质量不同维度衡量宏观经济质量，上官绪明和葛斌华（2020）将考虑环境因素的绿色全要素生产率作为经济发展质量的测度指标。第二，服务业开放与经济高质量发展的影响研究。服务业开放在带来贸易规模扩大效应的同时，扩大了潜在的国民经济福利，进而促进地区经济结构调整升级（Eschenbach and Hoekman，2006；Jouini and Rebei，2014）。陈丽娴和魏作磊（2016）认为服务业开放借助于产业结构升级、技术转移和就业增加效应的发挥，以此来提升中国各省份的经济增长质量。王晗和何枭吟（2021）以服务业扩大开放综合试点作为一项准自然实验，发现人才集聚、资本深化、技术创新及环境规制是服务业开放推动经济高质量发展的重要渠道。第三，环境规制与经济高质量发展的相关研究。何兴邦（2018）、王群勇和陆凤芝（2018）基于中国不同省份数据得出环境规制显著地促进了经济增长质量的改善。也有研究认为环境规制与经济高质量发展呈现出 U 型特征，即表现出短期内抑制增长，而长期来看促进作用明显（李强和王琰，2019）。孙景兵和孟玉玲（2022）指出正式环境规制和非正式环境规制均有利于实现经济高质量发展，但是对于邻近地区的经济高质量发展存在着正向与负向溢出截然相反的影响。

由此可知，现有研究仅仅关注到服务业开放、环境规制与经济高质量发展的单一影响，并没有对三者的关系以及作用机理进行深入分析，同时经济高质量发展评价指标也面临着指标选取冗杂重复、衡量方法契合度不强等问题。本书主要从以下方面做出边际贡献：一是基于五大发展理念构建出经济高质量发展指标评价体系，并且不同于已有研究仅以某一指标代理环境规制变量，重点考察了不同类型的环境规制对服务业开放及经济高质量发展的影响。二是以环境规制为切入点，分析其在服务业开放与经济高质量发展之间是否发挥着中介效应和门槛效应，从而理清服务业开放、环境规制与经济高质量发展的关系机理。三是讨论了服务业开放与环境规制对经济高质量发展影响的地区异质性，为进一步理解三者之间的传导机制提供有效支撑。

一方面，服务业开放能够为本国提供更多的人才、资金、数据及管理经验等要素，通过进口高质量的中间投入品来弥补本国服务要素的不足，全面地促进地区服务外包规模扩大，带动研发投入增加等技术创新活动的开展，较大程度上改善服务产品质量，通过模仿学习及知识溢出效应的产生来实现地区经济的高质量发展（季剑军和曾昆，2016）。另一方面，跨国服务企业往往居于行业领先地位，借助于行业内竞争示范效应促使本地企业改进工艺，同时利用产业链上下游的前向后向联系，在产业结构合理化与高级化的助推下，持续加快地区产业结构转型升级，为经济高质量发展奠定坚实的产业基础（姚战琪，2019）。本书据此提出假说1：

假说1：服务业开放有利于促进地区经济高质量发展。

合理科学的环境规制可以将环境规制成本内在化，激励企业的技术创新更多地以环境效益为导向，开发应用绿色技术工艺，改进组织管理方式，由此给企业带来技术进步的潜在收益，部分或者完全抵消环境规制成本，产生出巨大的"创新补偿效应"（唐晓华和孙元君，2020）。环境规制能够优化调整要素投入结构，减少污染要素的依赖性。环境规制举措可以加快资源价格市场化进程，更好地反映能源资源供求与环境成本，避免出现因价格扭曲导致的能源资源过度消耗（周清香和何爱平，2020）。环境规制措施改变了生产要素的需求结构，降低了对能源要素的需求程度，转而更多地依靠人力资本、金融发展与技术进步，以此来提升经济高质量发展的总体水平。本书据此提出假说2：

假说2：环境规制有利于促进地区经济高质量发展。

一方面，服务业开放不仅会带来母国先进的清洁生产设备与技术，也能够通过员工技能培训、技术引进吸收、产业前后向联系等方式实现技术创新活动的溢出。跨国企业的进入一定程度上会挤占内资企业的市场份额和利润空间，生产率较低的企业将会被市场所淘汰。在市场动机与生存动机的驱动下，内资企业将遵从环境监管要求，不断加大环保技术研发投入，有效地驱动地区经济高质量发展（周杰琦和汪同三，2017）。另一方面，严格的环境规制能够实现服务业外资利用结构的调整，提高服务业外资进入的环境门槛，对于服务业外国资本发挥"筛选"作用。优先引进利于环境保护和技术升级的清洁型外资，抑制进入污染密集型产业的外资，产生"好资本进入、坏资本流出"的效果

（苏丹妮和盛斌，2021）。服务业外商直接投资通过规模效应、结构效应、技术效应对环境具有负面影响，而环境规制的增强可以抑制这一负向效应，从而积极地促进经济高质量发展。本书据此提出假说3：

假说3：服务业开放对地区经济高质量发展的影响存在着环境规制的中介效应和门槛效应。

7.2 计量模型、变量选取与数据说明

7.2.1 模型设定

基于前文理论机制分析中的假说1与假说2，本章构建如下基准回归模型：

$$echqd_{it} = \alpha_0 + \alpha_1 seropen_{it} + \alpha_2 X_{it} + \mu_i + \gamma_t + \varepsilon_{it} \tag{7-1}$$

$$echqd_{it} = \beta_0 + \beta_1 envir_{it} + \beta_2 X_{it} + \mu_i + \gamma_t + \varepsilon_{it} \tag{7-2}$$

其中，i、t 分别表示省份和年度，$echqd_{it}$ 为被解释变量，表示各省份的经济高质量发展水平，$seropen_{it}$、$envir_{it}$ 分别表示各省份的服务业开放程度、环境规制强度，若 α_1 和 β_1 两者均显著且大于0，则表明服务业开放与环境规制都能够推动经济高质量发展；向量 X_{it} 表示影响经济高质量发展的其他控制变量，μ_i 和 γ_t 分别表示地区效应和时间效应，ε_{it} 为随机误差项。

为了验证环境规制是否在服务业开放与经济高质量发展之间发挥着显著的中介效应，本书借鉴温忠麟等（2004）提出的中介效应检验法，建立如下检验递归方程：

$$envir_{it} = \eta_0 + \eta_1 seropen_{it} + \eta_2 X_{it} + \mu_i + \gamma_t + \varepsilon_{it} \tag{7-3}$$

$$echqd_{it} = \omega_0 + \omega_1 seropen_{it} + \omega_2 envir_{it} + \omega_3 X_{it} + \mu_i + \gamma_t + \varepsilon_{it} \tag{7-4}$$

首先对方程（7-3）进行估计回归，检验服务业开放与环境规制之间的关系，如果 η_1 显著为正，说明服务业开放对环境规制存在着正向的影响。其次

对方程（7-4）做回归估计，其中 ω_1 反映了服务业开放对经济高质量发展的直接效应，方程（7-1）中 α_1 表示服务业开放对经济高质量发展的总效应，$\eta_1\omega_2$ 可以衡量中介效应的大小。若系数 η_1、ω_2 中至少有一个不显著，则需要进行 Sobel 检验，这一检验统计量为 $Z=\eta_1\omega_2/\sqrt{\eta_1^2 S_{\omega_2}^2+\omega_2^2 S_{\eta_1}^2}$，统计量中 S_{η_1}、S_{ω_2} 分别为系数 η_1、ω_2 的标准差，若 Sobel 检验结果是显著的，则存在中介效应，反之则不存在。

服务业开放对经济高质量发展的作用可能会受到环境规制门槛效应的影响，本书在方程（7-1）的基础上引入指示函数，并以不同类型的环境规制作为门槛变量，构建非线性面板多门槛回归模型，基本设定如下：

$$echqd_{it}=\varphi_0+\varphi_1 seropen_{it}\cdot I(q_{it}\leq\lambda)+\varphi_2 seropen_{it}\cdot I(q_{it}>\lambda)+\varphi_3 X_{it}+\mu_i+\gamma_t+\varepsilon_{it}$$

$$(7-5)$$

其中，q 为门槛变量，λ 表示需要估计的门槛值，$I(\cdot)$ 为门槛指示函数，当满足括号内的条件时，其取值为 1，反之则取值为 0，其余变量的基本含义与前文相同。对于任意的 λ，均可以得到其相应的残差平方和 $S_1(\lambda)$，其中使 $S_1(\lambda)$ 达到最小值的 λ^* 为环境规制的最优门槛值，即：

$$\lambda^*=\mathrm{argmin}S_1(\lambda) \qquad (7-6)$$

得到门槛值之后，还要对环境规制的门槛效应是否存在进行显著性检验，这一检验的原假设是 H_0：$\varphi_1=\varphi_2$，备择假设为 H_1：$\varphi_1\neq\varphi_2$，进而构建的统计量为：

$$F=\frac{S_0(\lambda)-S_1(\lambda^*)}{\sigma_1^2} \qquad (7-7)$$

利用 Bootstrap 方法得到 F 统计量的渐进分布，并且计算出基于似然比检验的 P 值，假如 P 值显著，则意味着拒绝原假设 H_0，该模型存在环境规制的门槛效应。此外方程（7-5）是单一门槛模型，考虑到可能存在多个门槛值的情况，本书进一步将该模型扩展为多门槛面板模型：

$$echqd_{it}=\varphi_0+\varphi_1 seropen_{it}\cdot I(q_{it}\leq\lambda_1)+\varphi_2 seropen_{it}\cdot I(\lambda_1<q_{it}\leq\lambda_2)+\cdots+$$
$$\varphi_n seropen_{it}\cdot I(\lambda_{n-1}<q_{it}\leq\lambda_n)+\varphi_{n+1}seropen_{it}\cdot I(q_{it}>\lambda_n)+$$
$$\varphi_{n+2}X_{it}+\mu_i+\gamma_t+\varepsilon_{it} \qquad (7-8)$$

7.2.2 变量选取

经济高质量发展（echqd）。本书基于"创新、协调、绿色、开放、共享"五大发展理念，参考屈小娥和刘柳（2021）的方法，构建出包含经济增长、创新驱动、区域协调、环境保护、对外开放及发展共享6个一级指标和26个二级指标的经济高质量发展评价体系，并且采用熵权法对指标体系进行测度，具体的指标构成如表7-1所示。

表7-1 经济高质量发展评价体系

一级指标	二级指标	指标度量方法	指标属性
经济增长	经济发展水平	地区实际 GDP 总量	+
	产业结构高级化	第三产业产值/第二产业产值	+
	产业结构合理化	泰尔指数	−
	生产价格波动	工业生产者价格指数	−
	消费价格波动	居民消费价格指数	−
创新驱动	研发投入强度	研发试验经费内部支出/GDP	+
	科技研发支出	科学技术支出/财政支出	+
	创新产出水平	三种专利授权量/总人口	+
	高新技术创新度	高新技术产业产值/工业产值	+
区域协调	城乡收入协调	城镇居民人均收入/农村居民人均收入	−
	城乡消费协调	城镇居民人均消费/农村居民人均消费	−
	城镇化程度	城镇人口总数/总人口	+
	交通设施状况	总公路里程/国土面积	+
环境保护	能源消耗程度	能源消耗总量/GDP	−
	污染排放水平	废水、废气和固体废物排放总量/GDP	−
	环境治理强度	环境污染治理投资总额/GDP	+
	自然生态状况	森林覆盖率	+
对外开放	外商直接投资	外商投资注册资本总额/GDP	+
	对外直接投资	非金融类对外直接投资流量/GDP	+
	贸易开放度	进出口总额/GDP	+
	旅游外汇收入	国际旅游外汇收入额/GDP	+

一级指标	二级指标	指标度量方法	指标属性
发展共享	教育经费支出	教育经费支出/财政支出	+
	医疗服务覆盖	卫生机构床位数/总人口	+
	文化事业经费	文化事业经费支出/总人口	+
	劳动者就业状况	城镇登记失业率	−
	网络设施发展	人均互联网宽带接入端口数	+

服务业开放（*seropen*）。地区的服务业开放程度通常从服务业 FDI 和服务贸易进出口总规模的角度来衡量，也有学者将服务业外贸依存度和外资依存度结合起来（Arnold et al.，2011；申明浩和刘文胜，2016）。本书参考刘斌等（2018）的研究方法，采用服务业外资依存度来代表服务业开放程度，公式如下：

$$seropen_{it} = SFDI_{it}/TFDI_{it} \qquad\qquad (7-9)$$

其中，$SFDI_{it}$ 表示 i 省份在 t 时期的服务业实际利用外商直接投资额，$TFDI_{it}$ 表示 i 省份在 t 时期的实际利用外商直接投资总额，对于个别年份的统计年鉴没有给出服务业外商直接投资额，参照陈景华等（2019）的衡量方法，这里采用同一时期的服务业增加值占地区总增加值的比重近似替代。

环境规制（*envir*）。根据薄文广等（2018）分类方式将环境规制分为命令型、市场型、自主型三种不同的类型。命令型环境规制（*envir1*）是指政府采取强制性的环境干预举措减少企业的污染排放，选用每年的环境行政处罚案件数来表示；市场型环境规制（*envir2*）通过运用市场调节的力量，在经济利益最大化的作用下影响社会主体的环境行为，这里采用环境污染治理投资总额进行表示；自主型环境规制（*envir3*）是政府、企业和社会公众之间形成的非法定协议，这一协议有助于环境质量改善与自然资源合理利用，采用人大建议数与政协提案数之和来反映。以上三种类型的环境规制数据均进行对数化处理，从而削弱多重共线性和异方差的不利影响。

为了尽量避免解释变量遗漏所带来的估计误差，本书加入以下的控制变量：①地区产业结构（*struc*）。采用地区第三产业所占比重与全国第三产业所占比重之比来表示各省份的产业结构状况。②社会固定资产投资（*invest*）。选取全社会固定资产投资总额与地区 GDP 的比值进行衡量。③政府财政支出（*fiscal*）。使用地方公共财政支出占 GDP 的比重来表示政府的财政支出水平。④市场化水平（*market*）。采用非国有单位就业人数与地区就业总人数之比代表各省份的市场化水平。

本书选择 2008~2021 年为研究区间，数据来源于历年《中国统计年鉴》《中国能源统计年鉴》《中国环境统计年鉴》《中国人口与就业统计年鉴》《中国环境年鉴》以及我国各省份相应年度的统计年鉴。因数据缺失或统计口径不一致，研究对象没有涵盖西藏和港澳台地区，最终选取 30 个省份作为研究对象。主要变量的描述性统计如表 7-2 所示。

表 7-2　主要变量描述性统计

变量名称	符号	均值	标准差	最小值	最大值
经济高质量发展	*echqd*	0.3928	0.1025	0.8936	0.2017
服务业开放度	*seropen*	0.4337	0.2140	0.0019	0.9866
命令型环境规制	*envir*1	7.5102	1.3088	3.2581	10.7175
市场型环境规制	*envir*2	5.0926	0.9176	2.3609	7.2557
自主型环境规制	*envir*3	4.8258	1.0235	2.7726	8.6733
地区产业结构	*struc*	1.0523	0.2954	0.5059	2.3226
社会固定资产投资	*invest*	0.7614	0.2518	0.2598	1.5803
政府财政支出	*fiscal*	0.2412	0.1031	0.0912	0.6647
市场化水平	*market*	0.9186	0.0406	0.7825	0.9861

7.3　实证结果及分析

7.3.1　基准回归结果分析

传统的固定效应模型只强调突出个体间的差异，并没有关注到不同时期及个体间的残差相关性，使得模型估计出现一定的偏误，因此本书采用双向固定效应模型，综合考察地区固定效应与时间固定效应的影响。如表 7-3 所示，第（1）列检验了服务业开放与经济高质量发展的关系，从中得出服务业开放显著地促进经济高质量发展。第（2）、第（3）、第（4）列分别验证命令型、市场型与自主型环境规制对经济高质量发展的影响，第（5）列则将三种不同类型的环境规制都纳入模型之中，可以发现三种类型的环境规制对经济高质量发展的影响始终显著为正。

表 7-3 基准模型回归结果：全国层面

变量	（1）	（2）	（3）	（4）	（5）
seropen	0.3161*** (4.95)				
envir1		0.0519*** (5.60)			0.0304*** (3.41)
envir2			0.1285*** (9.47)		0.1125*** (7.76)
envir3				0.0416*** (3.46)	0.0087* (1.83)
struc	0.2642*** (3.29)	−0.1520** (−2.03)	−0.1481** (−2.12)	−0.0908 (−1.18)	−0.1852*** (−2.61)
invest	0.1587*** (2.97)	0.0783* (1.94)	−0.0980* (−1.77)	0.1091** (1.96)	−0.1143** (−2.09)
fiscal	−0.2084 (−0.99)	0.2005 (0.98)	0.1877 (0.99)	0.1070 (0.51)	0.2474 (1.29)
market	0.2358 (0.47)	0.2692 (0.55)	0.0129* (1.93)	0.5257 (1.05)	−0.4152 (−0.89)
常数项	1.0016** (2.04)	0.5644 (1.20)	0.6599 (1.51)	0.4187 (0.87)	0.8844** (2.02)
地区效应	控制	控制	控制	控制	控制
时间效应	控制	控制	控制	控制	控制
R^2	0.2322	0.2397	0.3446	0.1962	0.3930
样本量	420	420	420	420	420

注：括号内为各系数的 t 统计值，*，**，***分别代表 10%、5%、1%的显著性水平。本章下表同。

由于我国不同省份间的服务业开放水平和环境规制强度差异性较大，本书以所处经济地区为参考标准，将 30 个省份划分为东部地区、中部地区和西部地区[①]。表 7-4 给出了分地区的估计结果，可以看出东部、中部与西部地区的服务业开放与经济高质量发展均表现出显著的正相关关系，而且东部地区的正向推动作用明显优于中西部地区。东部地区经济基础良好，产业结构较为协调，国际产业转移活动频繁，易于引入先进的管理模式与绿色技术。而中西部地区对外贸易竞争力不强，难以吸引到高附加值的服务产业，产业转移对经济高质量发展的提升作用有限。

表 7-4　基准模型回归结果：地区层面

变量	东部地区		中部地区		西部地区	
$seropen$	0.3179*** (2.95)		0.1765* (1.91)		0.1002* (1.77)	
$envir1$		0.0075*** (6.06)		0.0146** (1.97)		0.0053* (1.68)
$envir2$		0.1492*** (7.08)		0.1344*** (3.85)		0.0105** (2.49)
$envir3$		0.0053*** (3.15)		0.0236* (1.83)		0.0111* (1.74)
$struc$	0.2007*** (3.16)	0.1159*** (4.23)	0.1415*** (2.81)	0.0685*** (3.49)	0.0969*** (3.95)	-0.2178** (-2.58)
$invest$	0.1114 (1.43)	-0.2015** (-2.27)	-0.1260 (-0.98)	0.2153 (0.80)	-0.1731** (-2.24)	0.1507 (0.29)
$fiscal$	-1.0846 (-1.49)	1.8006 (0.51)	-1.0013* (-1.87)	-1.1734* (-1.79)	-1.2983* (-1.76)	-0.2655 (-1.18)
$market$	1.5276 (1.12)	2.0813 (1.15)	0.8524 (0.98)	1.4182 (0.95)	0.5274 (0.19)	0.2679 (0.63)
常数项	0.4285*** (6.18)	-2.0916*** (-3.22)	0.8772*** (5.63)	-1.6396* (-2.27)	2.3728*** (5.20)	1.9113*** (3.91)

　① 东部地区包括北京、天津、河北、辽宁、上海、江苏、浙江、福建、山东、广东和海南；中部地区包括山西、吉林、黑龙江、安徽、江西、河南、湖北和湖南；西部地区包括内蒙古、广西、四川、贵州、云南、重庆、陕西、甘肃、青海、宁夏和新疆。

变量	东部地区		中部地区		西部地区	
地区效应	控制	控制	控制	控制	控制	控制
时间效应	控制	控制	控制	控制	控制	控制
R^2	0.7119	0.6246	0.8912	0.5698	0.5232	0.2637
样本量	154	154	112	112	154	154

从地区层面来看，三种类型的环境规制与经济高质量发展之间同样具有显著的正向关系。对于市场型环境规制而言，东部地区的经济高质量发展促进效应强于中西部地区。而较之于东部地区，中西部地区的命令型环境规制和自主型环境规制表现出更大的促进作用。由此可见，东部地区在环境治理过程中注重发挥市场调节的作用，中西部地区更加依赖于行政命令与公众参与，因此在推动经济高质量发展的过程中有所不同。至此，本书的假说1、假说2得到验证。

7.3.2　中介效应分析

根据前文的理论机制分析可知，环境规制在服务业开放与经济高质量发展之间发挥着中介效应。本书将命令型环境规制、市场型环境规制、自主型环境规制分别作为中介变量（envir）进行分析，主要估计结果如表7-5所示，表7-5中第（1）、第（3）、第（5）列是方程（7-3）的回归结果，第（2）、第（4）、第（6）列为方程（7-4）的回归结果。

命令型环境规制。第（1）列中服务业开放的回归系数显著为正，说明服务业开放能够提高命令型环境规制强度。在加入命令型环境规制中介变量之后，服务业开放的系数估计值为0.2755，明显小于表7-3中服务业开放的系数值0.3161，中介效应占总效应的比例为12.8%，印证了命令型环境规制是服务业开放影响经济高质量发展的重要途径。服务业开放水平越高，越能促进命令型环境规制力度的增强，提高地区经济高质量发展水平。

市场型环境规制。在5%的显著性水平下，第（3）列中服务业开放的系数估计值是0.4740，表明其与命令型环境规制之间是正相关关系，即服务业开放有利于加强市场型环境规制力度。考虑到市场型环境规制中介变量的存在，第（4）列中服务业开放的系数为 0.2104，依然小于表 7-3 中服务业开放系数的估计值，此时中介效应占总效应的 33.4%，可以认为服务业开放通过市场型环境规制作用于经济高质量发展。随着服务业开放水平的提高，使得市场型环境规制力度日益强化，更能实现地区经济高质量发展。

自主型环境规制。第（5）列反映了服务业开放与自主型环境规制间的关系，可知两者是负相关的，同时在统计水平上并不显著，因此需要利用相应值进行 Sobel 检验，计算得到的 Z 值为 -0.8726，大于 95% 置信区间的临界值为 -0.97，表明其没有通过 5% 的显著性水平检验，这也就意味着自主型环境规制的中介效应并不存在。综上分析，服务业开放对经济高质量发展的影响存在命令型环境规制与市场型环境规制的中介效应。

表 7-5　环境规制中介效应回归结果

变量	命令型环境规制		市场型环境规制		自主型环境规制	
	（1）	（2）	（3）	（4）	（5）	（6）
envir		0.0468***		0.1248***		0.0424***
		(5.13)		(4.45)		(3.67)
seropen	0.8957**	0.2755***	0.4740**	0.2104***	-0.1401	0.3210***
	(2.38)	(4.45)	(2.04)	(3.60)	(-0.46)	(5.12)
struc	0.1110***	-0.2878**	-0.3338	-0.2673***	-0.6231	-0.2506***
	(3.66)	(-2.55)	(-1.09)	(-3.67)	(-1.61)	(-3.15)
invest	1.3967	0.0940*	1.8799	-0.0764	0.9520*	0.1182**
	(0.91)	(1.79)	(0.72)	(-1.41)	(1.78)	(2.21)
fiscal	-2.3682**	-0.0201	-0.8665*	-0.0192**	-1.8485*	-0.1228
	(-2.40)	(-0.18)	(-1.75)	(-2.35)	(-1.83)	(-0.59)
market	0.6287***	-0.3242	0.4113***	-0.5306	0.4408	-0.2326
	(3.61)	(-0.65)	(2.95)	(-1.15)	(1.36)	(-0.46)
常数项	5.6007***	1.2011**	4.0168	1.2310***	5.2131***	1.1729**
	(4.45)	(2.52)	(1.05)	(2.78)	(4.33)	(2.41)
地区效应	控制	控制	控制	控制	控制	控制
时间效应	控制	控制	控制	控制	控制	控制
R^2	0.1574	0.2879	0.5184	0.4241	0.3217	0.2551

7.3.3 门槛效应检验

进行面板门槛回归之前，需要检验门槛效应是否存在，进而确定门槛水平以及门槛个数。本书在单一门槛、双重门槛和三重门槛的假定下进行检验估计，根据面板门槛回归方法，采用"自举法"（Bootstrap）重复模拟似然比统计量300次，得到与之相对应的P值和门槛值。表7-6报告出门槛显著性及门槛值，同时门槛效应的回归结果如表7-7所示，可以看出三种类型的环境规制均不存在三重门槛效应，但是当以命令型环境规制和市场型环境规制作为门槛变量时，服务业开放对经济高质量发展的影响表现出显著的双重门槛效应，而以自主型环境规制为门槛变量时，仅仅通过了单一门槛的显著性检验。

表7-6 门槛显著性检验及门槛值估计结果

变量	假设检验	F 值	P 值	门槛值	95%置信区间
$envir1$	单一门槛	90.92***	0.0000	7.2710	[7.2440, 7.2738]
	双重门槛	19.81**	0.0400	8.0737	[8.0654, 8.0821]
	三重门槛	9.60	0.7233	8.9312	[8.7103, 8.9644]
$envir2$	单一门槛	52.67***	0.0000	5.0758	[5.0613, 5.1498]
	双重门槛	46.06***	0.0000	5.3003	[5.2529, 5.3191]
	三重门槛	12.39	0.8000	5.9905	[5.9762, 6.0222]
$envir3$	单一门槛	35.15***	0.0067	5.5722	[5.5588, 5.5797]
	双重门槛	11.14	0.3133	5.5947	[5.5739, 5.6058]
	三重门槛	3.51	0.8625	6.4968	[6.4892, 6.5236]

表7-7 门槛效应模型的回归结果

变量	（1）	（2）	（3）
$envir1 \leqslant 7.2710$	0.0687 (1.16)		
$7.2710 < envir1 \leqslant 8.0737$	0.2132*** (3.65)		
$envir1 > 8.0737$	0.5093*** (8.34)		

变量	（1）	（2）	（3）
$envir2 \leqslant 5.0758$		0.0590 （0.98）	
$5.0758 < envir2 \leqslant 5.3003$		0.2686*** （4.52）	
$envir2 > 5.3003$		0.6006*** （8.70）	
$envir3 \leqslant 5.5722$			0.1337** （2.10）
$envir3 > 5.5722$			0.3834*** （5.87）
$struc$	−0.5819*** （−6.42）	−0.4639*** （−4.76）	−0.7402*** （−7.58）
$invest$	0.1532*** （3.34）	0.1216** （2.57）	0.1336*** （2.63）
$fiscal$	−0.0278 （−0.12）	−0.2421 （−0.99）	−0.1468 （−0.56）
$market$	−1.4168** （−2.60）	−0.8231 （−1.48）	−0.7138 （−1.20）
常数项	2.8019*** （5.52）	2.2294*** （4.30）	2.3534*** （4.23）
地区效应	控制	控制	控制
时间效应	控制	控制	控制
R^2	0.4893	0.4638	0.3760

　　以命令型环境规制作为门槛变量时，服务业开放对于经济高质量发展具有显著的双重门槛效应。表7-7第（1）列给出了命令型环境规制的门槛估计结果，当命令型环境规制低于第一个门槛值7.2710，服务业开放尽管对经济高质量发展产生正向的影响，但是统计水平并不显著；当命令型环境规制跨越第一个门槛值，但是没有达到第二个门槛值8.0737，服务业开放的系数估计值为0.2132，且通过了1%的显著性水平检验；而当命令型环境规制跨过第二个门槛值之后，服务业开放对经济高质量发展的积极推动作用愈加明显。因此，

命令型环境规制强度越大，服务业开放越有利于经济高质量发展水平的提升。

由表 7-8 可知，在样本数据期初即 2008 年，天津等 15 个省份都没有跨越命令型环境规制的第一个门槛值，但包括北京在内的 9 个省份跨过了第一个门槛值，进一步地，河北等 6 个省份跨过第二个门槛值。2021 年全国绝大多数的省份均已经跨越命令型环境规制的门槛值，其中各有 12 个省份越过第一个门槛值和第二个门槛值，仅有海南等 6 个省份的命令型环境规制强度依然处于较低水平，说明我国在命令型环境规制方面取得较大的发展，相关执法部门加大处罚各种环境违法行为，产生倒逼企业进行节能减排的巨大外部压力。

表 7-8　各省份命令型环境规制门槛通过情况

门槛区间	省份（2008 年）	省份（2021 年）
$envir1 \leqslant 7.2710$	天津、上海、海南、吉林、安徽、湖北、湖南、内蒙古、广西、贵州、云南、陕西、甘肃、青海、宁夏（15 个）	海南、黑龙江、陕西、甘肃、青海、宁夏（6 个）
$7.2710 < envir1 \leqslant 8.0737$	北京、福建、辽宁、黑龙江、山西、河南、江西、新疆、重庆（9 个）	河南、江西、辽宁、吉林、云南、内蒙古、重庆、广西、新疆、湖北、湖南、贵州（12 个）
$envir1 > 8.0737$	河北、浙江、广东、江苏、四川、山东（6 个）	北京、河北、上海、天津、山东、江苏、浙江、福建、广东、四川、安徽、山西（12 个）

以市场型环境规制作为门槛变量时，服务业开放对于经济高质量发展同样表现为显著的双重门槛效应。表 7-7 第（2）列报告了市场型环境规制的门槛估计结果，与命令型环境规制类似，当市场型环境规制尚未跨越第一个门槛值 5.0758 时，服务业开放对经济高质量发展的正向促进作用并不显著；跨过第一个门槛值之后，其影响系数在 1% 的统计水平上显著为 0.2686；随着市场型环境规制跨越第二个门槛值 5.3003，服务业开放与经济高质量发展之间的正相关系数上升至 0.6006，说明市场型环境规制水平的提高，增强了服务业开放对经济高质量发展的推动效应。

由表 7-9 可知，2008 年我国大部分的省份没有跨越市场型环境规制的第一个门槛值，只有北京、河北、浙江 3 个省份以及江苏、浙江 2 个省份先后跨过市场型环境规制的第一个门槛值与第二个门槛值。2021 年仅有包括海南在内的 9 个省份没有跨过市场型环境规制门槛，相应地，包括天津在内的 12 个省份跨过第一个门槛值，同年也有北京等 7 个省份跨越第二个门槛值。市场型环境规制在环境治理过程中的突出作用日益彰显，能够充分调动企业的主观能动性，激励其进行绿色技术升级改造，推动地区产业结构向低碳环保方向转型升级。

表 7-9　各省份市场型环境规制门槛通过情况

门槛区间	省份（2008 年）	省份（2021 年）
$envir2 \leqslant 5.0758$	天津、辽宁、上海、福建、广东、海南、山西、吉林、黑龙江、安徽、江西、河南、湖北、湖南、内蒙古、广西、四川、贵州、云南、重庆、陕西、甘肃、青海、宁夏、新疆（25 个）	海南、吉林、黑龙江、贵州、云南、陕西、甘肃、青海、宁夏（9个）
$5.0758 < envir2 \leqslant 5.3003$	北京、河北、浙江（3 个）	天津、辽宁、上海、福建、河南、湖北、湖南、山西、江西、内蒙古、四川、重庆、广西、新疆（14个）
$envir2 > 5.3003$	山东、江苏（2 个）	北京、河北、山东、江苏、浙江、广东、安徽（7 个）

以自主型环境规制作为门槛变量时，服务业开放对于经济高质量发展表现出显著的单一门槛效应。表 7-7 第（3）列报告了自主型环境规制的门槛估计结果，当自主型环境规制强度低于门槛值 5.5722 时，服务业开放对经济高质量发展的影响系数为 0.1337，且在 5% 的统计水平上显著；当自主型环境规制跨越门槛值之后，服务业开放与经济高质量发展之间的关系依然是显著正相关，估计影响系数增加至 0.3834，表明自主型环境规制的强化可以提升服务业开放对经济高质量发展的正面促进作用。

由表 7-10 可知，2008 年全国有近一半省份的自主型环境规制强度均低于门槛值 5.5722，然而到了 2021 年，仅有上海市和广东省两个地区跨过门槛值，同一时期仍然还有 13 个省份没有跨越自主型环境规制的门槛，反映出我国在自主型环境规制的推进上相对较为缓慢。近年来污染排放与环境治理问题受到社会公众广泛密切的关注，各级政府也建立起环境问题反馈和解决的有效渠道，但是自主型环境规制覆盖的广度深度还不够，针对生态环境的隐性监督力量有待于进一步加强。

表 7-10　各省份自主型环境规制门槛通过情况

门槛区间	省份（2008 年）	省份（2021 年）
*envir*3≤5.5722	北京、天津、河北、上海、广东、海南、山西、吉林、黑龙江、贵州、陕西、甘肃、青海、宁夏、新疆（15 个）	北京、天津、河北、山西、海南、吉林、黑龙江、贵州、陕西、甘肃、青海、宁夏、新疆（13 个）
*envir*3>5.5722	辽宁、山东、江苏、浙江、福建、河南、湖北、湖南、安徽、江西、四川、重庆、云南、广西、内蒙古（15 个）	辽宁、上海、山东、江苏、浙江、福建、广东、河南、湖北、湖南、安徽、江西、四川、重庆、云南、广西、内蒙古（17 个）

7.4　本章小结

本章在理论分析服务业开放、环境规制与经济高质量发展关系的基础上，进一步将环境规制划分为命令型、市场型、自主型三种不同的类型，并以此实证检验环境规制在服务业开放与经济高质量发展之间的中介效应与门槛效应。得出如下结论：

第一，从全国层面上看，服务业开放、环境规制对于经济高质量发展的提升均具有积极的正向影响。但是不同地区间表现出一定的差异性，较之于中西部地区，东部地区服务业开放的正向促进作用更加明显。对于市场型环境规制而言，东部地区的经济高质量发展提升效应相对较强，而中西部地区的命令型环境规制及自主型环境规制则产生了更大的推动作用。

第二，服务业开放对经济高质量发展的影响存在命令型环境规制和市场型环境规制的中介效应，两者的中介效应占总效应的比重分别为 12.8% 和

33.4%，因而表明命令型环境规制与市场型环境规制是服务业开放作用于经济高质量发展的重要渠道。然而自主型环境规制并没有通过 Sobel 检验，意味着这一中介效应是不存在的。

第三，当以命令型环境规制和市场型环境规制作为门槛变量时，服务业开放对于经济高质量发展表现为显著的双重门槛效应，而自主型环境规制仅为单一门槛效应。服务业开放的影响系数在跨越门槛值前后一直为正，即始终具有正向提升作用，跨过门槛值之后逐渐增大。跨越命令型环境规制门槛与市场型环境规制门槛的省份较多，但跨越自主型环境规制门槛的省份相对较少，这说明我国在命令型环境规制、市场型环境规制方面取得了良好的发展，而自主型环境规制水平也亟须提高。

8 拓展性分析Ⅱ：服务业开放环境污染改善效应

8.1 问题提出

加入 WTO 以来，中国积极兑现服务贸易相关减让条款，持续减少服务贸易壁垒和行业限制，同时服务业开放的扩大加快了制造业转型升级和全球价值链攀升（马弘和李小帆，2018；余骁和郭志芳 2020）。服务业开放对于地区环境污染水平存在正向和负向两方面的影响。

一方面，Walter 和 Ugelow（1979）认为跨国公司将污染产业从环境规制严格的发达国家转移到环境规制宽松的发展中国家，使得发展中国家成为"污染天堂"。各国为了维持本国产品的国际竞争力，竞相降低环境规制标准（Dua and Esty，1997）。李锴和齐绍洲（2011）、Ren 等（2014）研究发现贸易开放使得中国主要省份和工业行业的二氧化碳排放量、碳强度都出现增加。为了降低污染排放成本，跨国服务企业往往将污染密集型服务产业转移到环境标准较低的发展中国家，导致服务业部门的地区结构偏向污染型，加剧了东道国地区的环境污染状况（王恕立和王许亮，2017）。

另一方面，Birdsall 和 Wheeler（1993）、Eskeland 和 Harrison（2003）相继

提出并验证了"污染光环"假说，他们认为跨国公司为东道国带来更为绿色环保的生产技术和行业标准，借助于技术扩散对东道国的生态环境产生积极影响。跨国服务企业拥有先进的绿色生产工艺和严格的污染排放限制，借助于行业内竞争示范效应促使本地企业对标国际最高环境标准，同时利用产业链上下游的前向后向联系，推动产业结构转型升级，降低地区环境污染水平（Poelhekke and Ploeg，2015）。中国在承接国际产业转移和引入 FDI 的过程中，也吸引了低排放系数的"干净"产业和节能减排技术，有利于降低资源消耗和污染排放，从而避免成为发达国家的"污染天堂"（李小平和卢现祥，2010；许和连和邓玉萍，2012）。Zhang 和 Zhou（2016）考虑到我国各地区差异性的存在，研究得出服务业 FDI 流入总体上能够减少中国的二氧化碳排放量，其中对于西部地区的积极作用要大于东部和中部地区。

但是也有不少研究指出两者的关系并不是一成不变的。Robinson（1988）指出国际贸易对一国污染物的排放具有正反两方面的影响，出口产品的生产会增加污染物排放，但是也可以通过进口替代减少对环境的负面影响。Grossman 和 Krueger（1991）将进出口贸易的环境影响分解为规模效应、结构效应和技术效应，贸易开放对各国环境质量的影响结果主要取决于这三种效应相对程度的变化。扩大贸易开放度和外商直接投资的增加使得中国部分省份的环境污染状况出现一定程度的恶化。但是随着资本密集度提高下的产业结构升级，污染减排技术得到改进应用，又降低了能源消耗带来的污染排放（杨子晖和田磊，2017）。霍伟东等（2019）认为"污染天堂"和"污染光环"假说并非完全对立的，经济发展初期的 FDI 通过生产型创新效应加剧了中国的污染状况，而到了经济发展转型时期，以生态型创新溢出效应为主的 FDI 又有利于减轻工业环境污染水平。

通过以上研究可以发现，服务业开放与地区环境污染水平之间的关系较为复杂，服务业开放对于生态环境的外部性效应并不明确。已有文献多从贸易开放的总体角度探讨其具有的环境效应，缺乏服务业开放对环境污染水平影响机制的深入分析。基于此，本书试图在以下三方面有所创新：第一，构建出服务业开放影响地区环境污染水平的理论模型，从理论上深入分析服务业开放

与地区环境污染水平之间的关系。第二，由于环境污染有很强的空间关联
性，因而运用空间计量模型方法，实证检验服务业开放对于地区环境污染水
平的空间溢出效应。第三，考虑到地区异质性的存在，不仅从全国层面上检
验服务业开放的环境效应如何，也探究了不同地区的服务业开放对环境污染水
平的影响。

本书借鉴 Copeland 和 Taylor（1994）、盛斌和吕越（2012）建立的理论模
型，构建出服务业开放影响环境污染水平的一般均衡模型。假定一个开放经济
系统中仅生产两种服务产品：污染型服务产品 X 和清洁型服务产品 Y，两种
产品均使用劳动力和资本要素进行生产且规模报酬不变，服务产品 X 会产生
一定的污染物排放 Z，而服务产品 Y 不会产生污染物排放。在产权得到明晰
界定下，服务企业的排污行为需要支付相应费用如环境税、排污税等，基于
利润最大化的目标追求，服务企业将会配置一部分生产要素进行减排活动，
假定服务企业用于污染治理的生产要素占总生产要素的比例为 θ，则 $0 \leqslant \theta \leqslant 1$，
当 $\theta = 0$ 时，表示服务企业对污染排放完全不进行治理，此时的产量为企业的
潜在产量 F，当 $0 < \theta < 1$ 时，表示服务企业使用 θ 部分的生产要素治理污染，这
时企业的实际产量为（$1-\theta$）F，同时也会产生污染物排放 Z。主要函数形式
如下：

$$X = (1-\theta)F \tag{8-1}$$

$$Z = \varphi(\theta)F \tag{8-2}$$

$$A = A_0(1+\theta)^t \tag{8-3}$$

$$\varphi(\theta) = \frac{1}{A}(1-\theta)^{\frac{1}{\gamma}} \tag{8-4}$$

其中，$\varphi(\theta)$ 是关于 θ 的污染排放函数，而且是 θ 的减函数，A_0 为初始的
减排技术水平，A 为当前减排技术水平。$0 < \gamma < 1$，当 γ 的值越小，污染物 Z 的
排放量就越小，说明污染治理的效果越为明显。假设生产要素为资本 K 和劳动
L，则相应产品的生产函数可以设定为：

$$X = (1-\theta)F(K_X, L_X) \tag{8-5}$$

$$Y = H(K_Y, L_Y) \tag{8-6}$$

$$Z = \varphi(\theta) F(K_X, \ L_X) \tag{8-7}$$

则可以推导出：

$$Z = \frac{1}{A} (1-\theta)^{\frac{1}{\gamma}} F(K_X, \ L_X) \tag{8-8}$$

$$X = (AZ)^{\gamma} \left[F(K_X, \ L_X) \right]^{1-\gamma} \tag{8-9}$$

由式（8-9）可知，污染型服务产品 X 可以被看作由污染排放 Z 和潜在产量 F 两种要素投入所生产的，γ 为污染要素投入占总生产成本的份额，且生产函数是规模报酬不变的。

8.1.1 服务企业的成本最小化决策

对于服务企业而言，为了实现生产利润最大化，首先要在给定的资本成本 p 和劳动力工资 w 的前提下，确定出最优的资本劳动比使得潜在产出 F 的成本最小化，定义该成本函数为 $C_F(p, \ w)$，即：

对 $C_F(p, \ w) = \min \{ pa_{KF} + wa_{LF}, \ F(a_{KF}, \ a_{LF}) = 1 \}$ 进行最优化求解，可以得到：

$$TRS_{KL} = \frac{\partial F}{\partial K_X} \cdot \frac{\partial F}{\partial L_X} = \frac{p}{w} \tag{8-10}$$

根据潜在产出成本 $C_F(p, \ w)$ 和污染排放成本 λ，选择污染排放 Z 和潜在产量 F 的最优组合，进而最小化单位服务产品 X 的生产成本 C_X，则有：

$$C_X(p, \ w, \ \lambda) = \min \{ \lambda AZ + C_F(p, \ w) F(K_X, \ L_X), \ (AZ)^{\gamma} \left[F(K_X, \ L_X) \right]^{1-\gamma} = 1 \} \tag{8-11}$$

对式（8-11）求其最优一阶导数可得：

$$\frac{AZ}{F} \frac{1-\gamma}{\gamma} = \frac{C_F}{\lambda} \tag{8-12}$$

8.1.2 服务企业的污染排放决策

假设服务企业处于完全竞争市场之中，单个企业的净利润为零，污染型服务产品 X 和清洁型服务产品 Y 的价格分别为 P_X 和 P_Y，因此有：

$$P_X X = C_F F + \lambda AZ \tag{8-13}$$

由上式可知，服务产品 X 的污染排放强度即单位产出的污染排放量 e，将满足以下条件：

$$e = \frac{Z}{X} = \frac{\gamma P_X}{A\lambda} \tag{8-14}$$

式（8-14）表明服务企业的污染排放强度会随着减排技术水平 A 和污染排放成本 λ 的上升而下降，同时也随着服务产品 X 价格的上升而增加。在此基础上，服务企业的污染排放总量可以表示为：

$$Z = (P_X X + P_Y Y)\frac{\gamma}{A\lambda}\frac{P_X X}{(P_X X + P_Y Y)} = S\frac{\gamma}{A\lambda}\eta_X \tag{8-15}$$

其中，$S = P_X X + P_Y Y$ 表示经济规模，即规模因素。$\eta_X = P_X X/(P_X X + P_Y Y)$ 表示总产值中服务产品 X 的产值所占比重，即结构因素。对公式（8-15）两边同时取对数可得：

$$\mathrm{Ln}Z = \ln S + \ln\gamma + \ln\eta_X - \ln A - \ln\lambda \tag{8-16}$$

在式（8-16）的基础上进一步分析服务业开放对于环境污染的影响机制，两边同时对服务业开放（$seropen$）求导，并乘以服务业开放（$seropen$）可得：

$$\frac{dZ}{dseropen}\cdot\frac{seropen}{Z} = \frac{d\ln S}{dseropen}\cdot seropen + \frac{d\ln\eta_X}{dseropen}\cdot seropen + \frac{d\ln A}{dseropen}\cdot seropen \tag{8-17}$$

其中，$\dfrac{dZ}{dseropen}\cdot\dfrac{seropen}{Z}$ 表示服务业开放对污染排放的弹性，因此服务产品的污染排放可以分解为规模效应、结构效应和技术效应三种形式。

首先，人均实际 GDP（$pgdp$）直接表现一个地区经济发展水平和总体规模状况，同时环境规制强度与环境污染水平密不可分，环境污染治理投资总额（$envir$）作为市场型环境规制的代表，注重运用市场调节的力量减少污染物排放的规模。规模效应的函数可以表示为：

$$S = \exp\left(\delta_0 + \frac{d\ln S}{dseropen}\cdot seropen + \delta_1\ln pgdp + \delta_2\ln envir + \varepsilon_1\right) \tag{8-18}$$

其次，地区的第二产业与第三产业的产值构成是其产业结构高级化、合理化的重要特征，从根本上决定了本地区污染物排放的基本结构。结构效应的函数可以表示为：

$$\eta_X = \exp\left(\rho_0 + \frac{d\ln\eta_X}{dseropen} \cdot seropen + \rho_1 indus + \varepsilon_2\right) \qquad (8-19)$$

最后，国内自主创新研发投入（rd）和人力资本水平（$human$）将会在一定程度上促进环境污染治理技术的进步与升级。技术效应的函数可以表示为：

$$A = \exp\left(\xi_0 + \frac{d\ln A}{dseropen} \cdot seropen + \xi_1 rd + \xi_2 human + \varepsilon_3\right) \qquad (8-20)$$

将式（8-17）至式（8-20）进行综合，可以得到污染排放 Z 的基本形式，其中 $\varepsilon = \varepsilon_1 + \varepsilon_2 + \varepsilon_3$，$\varepsilon_1$、$\varepsilon_2$ 和 ε_3 均为随机误差项。

$$Z = \sigma_0 + \sigma_1 seropen + \sigma_2 \ln pgdp + \sigma_3 \ln envir + \sigma_4 indus + \sigma_5 human + \sigma_6 rd + \varepsilon \qquad (8-21)$$

8.2　计量模型、变量选取与数据说明

8.2.1　模型设定

由于环境污染具有不容忽视的地区溢出性，同时服务业开放也会带来不同地区间生产要素的充分自由流动，因此本书将空间因素纳入到分析框架中，采用空间计量模型探讨服务业开放对地区环境污染水平的影响，构建出一般形式的空间杜宾模型（SDM）如下：

$$Y_t = \alpha + \beta WY_t + \sigma X_t + \delta WX_t + \mu_i + \lambda_t + \varepsilon_{it} \qquad (8-22)$$

其中，W 为空间权重矩阵，βWY_t、δWX_t 分别为被解释变量、解释变量的空间滞后项，表示其他地区的被解释变量、解释变量对本地区产生的影响，α 为常数项，μ_i 为个体效应，λ_t 为时间效应，ε_{it} 为随机误差项。当 $\delta = 0$ 时，空间杜宾模型（SDM）可简化为空间自相关模型（SAR）；当 $\delta + \sigma\beta = 0$ 时，空间杜宾模型（SDM）可简化为空间误差模型（SEM）。

为了减少空间权重设置不当导致的估计偏误，同时比较分析不同空间权重下的空间溢出效应大小，本书构造出三种空间权重矩阵进行模型估计，基本设定如下：

（1）地理距离权重矩阵（W_1）。通过经纬度计算出不同省份的省会城市之间的地理距离，以这一距离的倒数作为权重设定，具体表示为：

$$W_1 = 1/d_{ij}, \ i \neq j; \ W_1 = 0, \ i = j \tag{8-23}$$

（2）经济距离权重矩阵（W_2）。采用不同省份间人均实际 GDP 均值差距的倒数作为权重设定，$\bar{Y}_i$ 为第 i 个省份在样本期内用 GDP 平减指数平减之后的人均 GDP 平均值。具体表示为：

$$W_2 = 1/|\bar{Y}_i - \bar{Y}_j|, \ i \neq j; \ W_2 = 0, \ i = j \tag{8-24}$$

（3）经济地理权重矩阵（W_3）。借鉴朱文涛等（2019）的设定方法，以各个省份实际 GDP 总量来衡量地区经济发展水平，建立如下经济地理权重矩阵：

$$W_3 = W_1 \text{diag}(\bar{X}_1/\bar{X}, \ \bar{X}_2/\bar{X}, \ L, \ \bar{X}_n/\bar{X}) \tag{8-25}$$

其中，W_1 是地理距离权重矩阵，$\bar{X}_i$ 表示第 i 个省份在样本期内实际 GDP 总量的平均值，$\bar{X}$ 表示样本期内全国所有省份实际 GDP 总量的平均值。

8.2.2 变量选取

环境污染综合指数（z）。现有研究对于地区环境污染水平的度量并没有统一标准，大多是从污染物排放总量和环境污染指数两个方面来分析。鉴于环境污染指数的覆盖面广、指标选择更为全面，本书在石大千等（2018）用工业"三废"衡量环境污染水平的基础上，选用二氧化碳（CO_2）、二氧化硫（SO_2）、工业废水和工业固体废弃物的排放量作为基本指标，采用熵值法测算出中国各地区的环境污染综合指数。由于二氧化碳排放量无法直接从统计年鉴中获取，本书根据 Pan 等（2008）、刘华军和李超（2018）的方法，假定二氧化碳排放系数为 2.13 吨二氧化碳/吨标准煤，用每年能源消费量乘以该系数估算出二氧化碳排放量。

服务业开放（$seropen$）。地区的服务业开放程度通常从服务业 FDI（Arnold et al.，2011）和服务贸易进出口总规模（陈丽娴和魏作磊，2016）的角度来进行衡量。本书参照孙湘湘和周小亮（2019）的研究方法，将服务业外贸依存度和外资依存度两者结合起来，公式如下：

$$seropen_{it} = \frac{sertrade \times a + serinvest \times b}{gsp} \tag{8-26}$$

式（8-26）中，$sertrade$ 表示各地区的服务贸易出口额（囿于数据可得性，这里使用各地区国际旅游外汇收入近似替代），$serinvest$ 表示各地区的服务业实际利用外商直接投资额，$a = sertrade/(sertrade + serinvest)$，同时系数 b 满足 $b = serinvest/(sertrade + serinvest)$，$gsp$ 表示各地区服务业总产值。

经济发展规模（$lnpgdp$）。采用各省份人均实际 GDP 来衡量地区经济发展规模，这里的人均实际 GDP 是以 2008 年为基期，并利用 GDP 平减指数进行平减，同时取其对数形式。环境规制强度（$envir$）。在经济利益最大化的作用下，市场型环境规制能够有效地激发社会主体的环境保护行为，因此使用环境污染治理投资总额来表示。地区产业结构（$indus$）。从产业结构高级化合理化的角度，采用第三产业产值与第二产业产值之比来表示各地区的产业结构状况。人力资本水平（$human$）。使用平均受教育年限来刻画各地区的人力资本水平，计算方式为 $H = H_1 \times 6 + H_2 \times 9 + H_3 \times 12 + H_4 \times 16$，其中 H_1、H_2、H_3、H_4 分别表示各省份小学、初中、高中、大专及以上四类受教育程度人口占 6 岁及以上人口的比重。创新研发投入（rd）。采用各省份的 R&D 经费投入强度即 R&D 经费与 GDP 比值来衡量地区的自主创新研发投入程度。

本书选择 2008~2018 年作为研究区间，资料来源于历年《中国统计年鉴》《中国能源统计年鉴》《中国环境统计年鉴》《中国环境年鉴》《中国人口与就业统计年鉴》以及我国各省份的统计年鉴。因数据缺失或统计口径不一致，研究对象没有涵盖西藏和港澳台地区，最终选取 30 个省份作为研究对象。

8.3 实证结果及分析

8.3.1 基准回归结果分析

本书采用全局 Moran's I 指数测度服务业开放以及地区环境污染水平的空间相关性，当 Moran's I=0 时，样本分布是独立随机的，不存在空间相关性；当−1≤Moran's I<0 时，表示变量是空间负相关的；当 0<Moran's I≤1 时，则表示变量是空间正相关的。表8-1 给出了三种不同的空间权重矩阵下服务业开放和地区环境污染水平的 Moran's I 值，可以发现除了极个别年份没有通过显著性检验或者表现出空间负相关以外，无论是服务业开放还是地区环境污染水平，两者在绝大部分年份中 Moran's I 值均通过显著性检验且为正值，表明各地区之间的服务业开放、地区环境污染水平都存在着空间相关性。

表 8-1　2008~2018 年服务业开放及地区环境污染水平 Moran's I 值

年份	服务业开放（seropen）			环境污染综合指数（z）		
	Moran's I（W_1）	Moran's I（W_2）	Moran's I（W_3）	Moran's I（W_1）	Moran's I（W_2）	Moran's I（W_3）
2008	0.006* (0.056)	0.202*** (0.010)	0.014** (0.023)	−0.006 (0.432)	0.141* (0.063)	0.084** (0.032)
2009	−0.002 (0.343)	0.128* (0.065)	−0.009 (0.506)	−0.007 (0.442)	0.155** (0.044)	0.083* (0.057)
2010	−0.010 (0.475)	0.127* (0.070)	0.013** (0.038)	0.001** (0.033)	0.164** (0.035)	0.108 (0.117)
2011	0.036* (0.087)	0.116* (0.051)	0.034** (0.017)	0.006** (0.062)	0.151** (0.048)	0.110 (0.113)
2012	0.029** (0.046)	0.214** (0.039)	0.037* (0.095)	0.005 (0.276)	0.142** (0.060)	0.156** (0.029)

续表

年份	服务业开放（seropen）			环境污染综合指数（z）		
	Moran's I（W_1）	Moran's I（W_2）	Moran's I（W_3）	Moran's I（W_1）	Moran's I（W_2）	Moran's I（W_3）
2013	0.009 (0.012)	0.095** (0.016)	0.020* (0.071)	0.009** (0.036)	0.120* (0.099)	0.139** (0.044)
2014	0.075** (0.029)	0.091 (0.169)	0.026* (0.083)	0.013* (0.064)	0.119 (0.101)	0.136** (0.020)
2015	0.041** (0.035)	0.093* (0.058)	0.015** (0.040)	0.018** (0.025)	0.132* (0.076)	0.138** (0.015)
2016	0.046** (0.024)	0.107* (0.092)	0.031* (0.096)	0.037* (0.059)	0.153** (0.045)	0.105* (0.078)
2017	0.085** (0.022)	0.155** (0.019)	0.038* (0.066)	0.019** (0.041)	0.145* (0.053)	0.155* (0.059)
2018	0.077** (0.043)	0.128* (0.077)	0.036* (0.074)	0.017* (0.068)	0.157** (0.039)	0.104** (0.016)

注：括号内为统计量对应的 P 值，***、**、*分别代表1%、5%、10%的显著性水平。

在进行空间计量模型回归之前，通常需要确定哪种模型的解释力更强，即利用一系列检验验证空间杜宾模型较之于其他空间模型是否更优。首先，通过 Wald 检验、Lratio 检验判断空间杜宾模型（SDM）能否简化为空间自相关模型（SAR）和空间误差模型（SEM）。在三种空间权重矩阵下，Wald 检验值分别为 42.13、20.06、29.54，Lratio 检验值分别为 43.66、17.54、31.98，均通过了1%的显著性水平检验，拒绝了 $\delta=0$ 和 $\delta+\sigma\beta=0$ 的原假设，表明 SAR 模型与 SEM 模型并不适用。其次，比较 AIC 和 BIC 值的大小在 SDM 模型和 SAC 模型中进行选择，发现加入误差项之后的 AIC 和 BIC 值并没有变小，说明 SDM 模型相较于 SAC 模型更为合适。最后，通过 Hausman 检验值判断采用随机效应还是固定效应，基于三种空间权重矩阵的检验值都拒绝了"随机效应优于固定效应"的原假设，因此选择固定效应模型。由于 SDM 模型包括时间固定、地区固定和时空双固定效应三种类型，将 Log-likelihood、Sigma^2、R^2 值进行对比分析，最终选择时空双固定效应的 SDM 模型作为本书的基准空间模型。

　　由表8-2可知，在三种不同的空间权重矩阵下，服务业开放的估计系数均通过了相应水平的显著性检验且始终为负，意味着服务业开放与地区环境污染水平之间呈现出负相关的关系。从空间滞后项的结果来看，服务业开放的空间滞后项通过了1%或者10%水平的显著性检验且具有负向影响，从而说明服务业开放不仅有利于降低本地区的环境污染水平，也能够促进周边地区的环境质量改善。其他变量在不同空间权重下显著性水平虽然略有差别，但是影响方向基本上保持一致。以上仅仅是对服务业开放与地区环境污染水平关系的初步判断，LeSage和Pace（2009）认为完全依靠点估计结果分析空间溢出效应可能会导致模型估计出现偏误，Elhorst（2014）指出应当在点估计的基础上进一步测算变量的直接效应和间接效应。

表 8-2　空间杜宾模型估计结果

变量	地理距离权重矩阵		经济距离权重矩阵		经济地理权重矩阵	
	Main	W_X	Main	W_X	Main	W_X
seropen	−0.2975 **	−1.8887 *	−0.4295 ***	−1.1069 ***	−0.3570 **	−2.7037 ***
	(−2.07)	(−1.74)	(−3.17)	(2.59)	(−2.49)	(−3.28)
ln*pgdp*	−0.0197 *	−0.3230 ***	−0.0592 ***	−0.0416 *	−0.0336 *	−0.2062 *
	(−1.89)	(−2.58)	(−2.88)	(−1.85)	(−1.78)	(−1.67)
envir	−0.1295 ***	0.0349 ***	−0.0061 *	0.0299 **	−0.1264 ***	0.0332 ***
	(3.13)	(6.30)	(−1.92)	(2.55)	(−3.56)	(5.98)
indus	0.0452 *	−0.5960 **	0.0730 ***	−0.0739 *	0.0697 **	−0.2584 *
	(1.78)	(−2.37)	(2.65)	(−1.71)	(2.30)	(−1.91)
human	−0.0114	−0.1549 **	−0.0035	−0.0390	−0.0023	−0.0401
	(−1.09)	(−2.14)	(−0.72)	(−1.35)	(−0.83)	(−1.25)
rd	−0.0261 **	0.0921	−0.0444 **	−0.0061 ***	−0.0295 ***	0.0468
	(−2.29)	(1.57)	(−2.26)	(−3.22)	(−2.58)	(0.93)
Wald 检验	42.13 ***		20.06 ***		29.54 ***	
	(0.0000)		(0.0027)		(0.0000)	
Lratio 检验	43.66 ***		17.54 ***		31.98 ***	
	(0.0000)		(0.0075)		(0.0000)	
Hausman 检验	21.22 ***		12.64 **		17.29 ***	
	(0.0017)		(0.0491)		(0.0078)	

续表

变量	地理距离权重矩阵		经济距离权重矩阵		经济地理权重矩阵	
	Main	W_X	Main	W_X	Main	W_X
rho	-0.1323^{***} (-4.63)		-0.4929^{***} (-4.26)		-0.0234^{***} (-3.12)	
Sigma^2	0.0647^{***} (12.84)		0.0619^{***} (12.52)		0.0598^{***} (11.75)	
Log-likelihood	143.21		106.85		137.83	
AIC	-148.25		-115.70		-127.66	
BIC	-105.21		-92.52		-101.79	
R^2	0.4656		0.4279		0.3820	

注：Wald 检验、Lratio 检验、Hausman 检验括号内为 P 值，其余变量括号内为 t 统计值，***、**、*分别代表 1%、5%、10%的显著性水平。

本书运用偏微分法将总效应分解成为直接效应和间接效应两部分，结果如表 8-3 所示。直接效应即本地效应，表示服务业开放对于本地区环境污染水平产生的影响。间接效应即地区溢出效应，则表示本地区的服务业开放对于周边地区环境污染水平的空间溢出影响。

表 8-3　直接效应和间接效应分解结果

权重矩阵	效应	*seropen*	ln*pgdp*	*envir*	*indus*	*human*	*rd*
地理距离权重矩阵	直接效应	-0.2794^* (-1.92)	-0.0188^* (-1.83)	-0.0345^{***} (-6.20)	0.0519^* (1.78)	-0.0105 (-1.03)	-0.0257^{**} (-2.29)
	间接效应	-1.6364^{**} (-1.98)	-0.2977^{**} (-2.43)	0.1172^{**} (2.47)	-0.5181^{**} (-2.15)	-0.1372^* (-1.91)	-0.0827 (-1.45)
	总效应	-1.9158^* (-1.70)	-0.3165^{***} (-2.75)	0.0827^{***} (3.06)	-0.4662^* (-1.82)	-0.1477^* (-1.86)	-0.1084^{**} (-2.05)
经济距离权重矩阵	直接效应	-0.3549^{***} (-2.56)	-0.0591^{***} (-2.84)	-0.0318^{***} (-5.92)	0.0841^{***} (2.96)	-0.0008 (-0.94)	-0.0392^{***} (-3.67)
	间接效应	-0.6601^{**} (-2.04)	-0.0105^* (-1.94)	0.0153 (1.41)	-0.0786^* (-1.97)	-0.0272 (-1.52)	-0.0508 (-1.43)
	总效应	-1.0150^{***} (-2.98)	-0.0696^{**} (-2.29)	-0.0165^* (-1.78)	0.0055^{**} (2.10)	-0.0280^* (-1.74)	-0.0900^{***} (-2.91)

续表

权重矩阵	效应	*seropen*	*lnpgdp*	*envir*	*indus*	*human*	*rd*
经济地理权重矩阵	直接效应	−0.3554 ** (−2.39)	−0.0353 * (−1.95)	−0.0338 *** (−5.84)	0.0736 ** (2.46)	−0.0024 (−0.70)	−0.0298 *** (−2.69)
	间接效应	−1.8018 *** (−2.82)	−0.2260 * (−1.64)	0.1376 * (1.85)	−0.2372 (−0.91)	−0.0385 (−0.52)	−0.0513 (−0.94)
	总效应	−2.1572 *** (−2.96)	−0.2613 ** (−1.98)	0.1038 ** (2.02)	−0.1636 * (−1.88)	−0.0409 (−0.61)	−0.0816 (−1.59)

注：括号内为各系数的 t 统计值，***、**、* 分别代表1%、5%、10%的显著性水平。

　　服务业开放对于本地区的环境污染水平存在着负向影响，并且在三种空间权重矩阵下均通过显著性水平检验，说明一个地区的服务业开放水平越高，越能够降低本地区的环境污染水平。从地区溢出效应来看，服务业开放的影响系数依然为负，且至少通过5%水平的显著性检验，表明本地区的服务业开放将会对相邻地区的环境污染状况改善产生积极的作用。服务业开放可以为本地区降低环境污染水平创造出充足的要素资源保障和知识资本供给，有利于减少单位产出的资源消耗和污染排放。同时服务业开放普遍倾向于经济增长和生态保护协调发展的地区，最大限度上发挥了其区域辐射带动作用，推动相邻地区生态环境的持续改善和良性发展。

　　在三种不同的空间权重矩阵下，经济发展规模与本地区和相邻地区的环境污染水平之间始终呈现出负相关的关系，即经济发展规模的扩大有利于降低本地区和相邻地区的环境污染水平。服务业开放能够为东道国带来更多的市场参与主体，加剧本地区以及相邻地区市场竞争的激烈程度，在实现服务业行业规模扩张的同时拉动地区经济增长，使得本地区和相邻地区可以利用自身的规模经济优势，优化提升环境污染治理投入产出效率。本地效应下环境规制强度的影响系数显著为负，但是空间溢出效应下其影响系数由负转正。服务业开放下的环境规制使得本地区污染物排放面临着更为严格的限制标准，有利于控制住本地区的污染排放总量，同时也增加了污染产业的排污成本，促使其向排污成本较低的周边地区转移，这在一定程度上使得周边地区的环境污染状况出现继续恶化。

地区产业结构则表现出与环境规制强度截然相反的影响,由于不同地区的贸易开放程度和外资进入水平存在很大差异,当本地区承接的服务业国际产业转移和服务业 FDI 并不是环境友好型或者资源节约型,其对本地区的环境污染状况将会产生负面的加重作用。而相邻地区由于引进高质量清洁型的服务产业和服务业 FDI,从而能够实现地区环境污染水平的降低。尽管人力资本水平在不同空间权重矩阵下的影响系数为负,但是在经济距离权重矩阵和经济地理权重矩阵下并没有通过显著性水平检验,意味着我国的人力资本禀赋仍然处于较低水平,对于降低本地区及相邻地区环境污染水平而言,服务业开放所带来的高素质、高技能的复合型人才的促进作用较为有限。创新研发投入虽然显著降低了本地区的环境污染水平,但因为当前的创新研发多为模仿式创新或者跟随式创新,缺乏原创性、自主性、引领性的技术创新,尚未产生出充分的绿色技术创新扩散效应,没有明显改善相邻地区的环境污染状况。

鉴于我国服务业开放程度和环境污染水平具有一定的区域差异,因此本部分着重探讨服务业开放对于环境污染水平的影响是否表现出明显的地区异质性特征。经济地理权重矩阵综合考虑空间权重中的经济因素和地理因素,较为全面地反映了空间溢出效应的大小,因此本部分主要基于经济地理权重矩阵进行分地区估计。

8.3.1.1 按地理区域划分的地区异质性分析

根据所处的地理区域将 30 个省份划分为东部地区、中部地区和西部地区。其中,东部地区包括北京、天津、河北、辽宁、上海、江苏、浙江、福建、山东、广东和海南 11 个省市,中部地区包括山西、吉林、黑龙江、安徽、江西、河南、湖北和湖南 8 个省份,其余为西部地区省份。表 8-4 报告了经济地理权重下的分地区回归结果。由表 8-4 可以看出,对于地区环境污染水平而言,服务业开放的直接效应和间接效应在东部省份和中部省份均显著为负。在西部省份的回归结果之中,服务业开放的直接效应显著为负,而间接效应尽管为负但是并不显著,这说明东部和中部地区的服务业开放不仅能够降低本地区的环境污染水平,同时也可以通过空间溢出机制改善周边地区的环境污染状况。就西部地区的省份而言，服务业开放程度的提高虽然有利于本地区环境污染水平的下降，但并没有给相邻地区的环境污染状况带来明显的积极影响。

表 8-4 基于经济地理权重的分地区回归结果

权重矩阵	效应	seropen	lnpgdp	envir	indus	human	rd
东部地区	直接效应	−0.3606*** (−3.28)	−0.1881*** (−3.17)	−0.0290** (−2.54)	−0.2013** (−2.09)	−0.0617 (−1.35)	−0.0578** (−2.47)
	间接效应	−2.0185*** (−3.04)	−0.5592*** (−2.67)	0.1016* (1.69)	−0.7018** (−2.41)	−0.0982* (−1.94)	−0.0420 (1.26)
	总效应	−2.3791*** (−3.02)	−0.7473*** (−2.98)	0.0726* (1.75)	−0.9031** (−2.06)	−0.1599* (−1.68)	−0.0998 (−1.33)
中部地区	直接效应	−0.3050* (−1.80)	−0.0413** (−2.06)	−0.0346*** (−2.85)	0.1297** (2.30)	−0.0079 (−0.45)	−0.0288* (−1.68)
	间接效应	−1.3612** (−2.04)	−0.4495*** (−3.17)	0.1109 (1.46)	−0.3413** (−2.12)	−0.0851* (−1.80)	−0.0147 (−1.19)
	总效应	−1.6662*** (−2.70)	−0.4908** (−2.13)	0.0763* (1.82)	−0.2116* (−2.01)	−0.0930 (−1.05)	−0.0435 (−1.56)
西部地区	直接效应	−0.2744* (−1.86)	−0.0203*** (−2.82)	−0.0042* (−1.84)	0.1653** (2.07)	−0.0218 (−0.60)	−0.0267 (−1.53)
	间接效应	−1.2648 (−1.39)	0.0525* (1.76)	0.1778* (1.91)	−0.0959 (−0.62)	0.0107 (0.85)	0.0054 (1.26)
	总效应	−1.5392 (−1.47)	0.0322* (1.99)	0.1736** (2.05)	0.0694 (0.35)	−0.0111 (−0.87)	−0.0213 (−1.44)
服务业开放引领地区	直接效应	−0.3327*** (−2.85)	−0.1248*** (−3.37)	−0.0260** (−2.07)	−0.1956** (−2.51)	−0.0502 (−1.04)	−0.0496** (−2.16)
	间接效应	−2.3457*** (−3.10)	−0.5440** (−2.53)	0.0957 (1.16)	−0.5392** (−2.23)	−0.0689* (−1.90)	−0.0281 (−1.05)
	总效应	−2.6781*** (−2.99)	−0.6688*** (−2.96)	0.0697* (1.82)	−0.7348** (2.45)	−0.1191 (−1.34)	−0.0777* (−1.68)
服务业开放滞后地区	直接效应	−0.2854** (−2.06)	−0.0396** (−2.17)	−0.0198*** (−3.69)	0.1379** (2.48)	−0.0245 (−0.96)	−0.0274 (−0.85)
	间接效应	−1.2973 (−1.38)	−0.1294** (−2.58)	0.1824 (1.53)	−0.1661 (−1.02)	0.0052 (1.33)	−0.0095 (−1.21)
	总效应	−1.5827* (−1.91)	−0.1690** (−2.25)	0.1676** (2.04)	−0.0282* (−1.97)	−0.0193 (1.18)	−0.0369 (−0.94)

注：括号内为各系数的 t 统计值，***、**、* 分别代表 1%、5%、10% 的显著性水平。

从其他变量来看，经济发展规模在东部、中部和西部省份的直接效应和间接效应一直显著为负；环境规制强度降低了东部、中部和西部省份本地区内的环境污染水平，却由于污染产业的转移加重了周边地区的环境污染；东部地区产业结构的直接效应和间接效应均为负向影响，且至少通过5%水平的显著性检验，中部和西部地区的本地效应即直接效应显著为正，而空间溢出效应即间接效应显著为负；东部和中部地区人力资本水平的直接效应尽管为负但并不显著，间接效应则显著为负，西部地区的人力资本水平提高没有明显降低本地区的环境污染水平，同时使得相邻地区的环境污染出现恶化；东部和中部地区的创新研发投入的直接效应显著为负，同时负向的间接效应未能通过显著性水平检验，而西部地区直接效应并不显著为负，且不利于周边地区的环境质量改善。

8.3.1.2 按服务业开放程度高低划分的地区异质性分析

依照前文所测算出的服务业开放程度的总体平均值作为分类标准，将30个省份分别划分为服务业开放引领地区和服务业开放滞后地区，当该省份的服务业开放程度高于总体平均值时，则将该省份划分为服务业开放引领地区，反之则将其划分为服务业开放滞后地区。表8-4下半部分给出相应地区的回归估计结果，可以得出在服务业开放引领地区中，服务业开放对地区环境污染水平影响的直接效应和间接效应都显著为负，而服务业开放滞后地区的直接效应显著为负，间接效应并不显著。因此，提高服务业开放引领地区的服务业开放程度有助于改善本地区的环境污染状况，并且通过空间溢出效应降低了相邻地区的环境污染水平。服务业开放滞后地区的服务业开放对于本地区的环境质量是明显的积极作用，然而并没有显著改善相邻地区的环境污染状况。

从其他变量来看，对于这两类地区来说，经济发展规模的积极影响是始终存在的；环境规制强度提高有利于这两类地区本身的环境质量改善，但是却恶化了周边地区的环境污染状况；服务业开放引领地区产业结构的直接效应和间接效应均显著为负，服务业开放滞后地区的直接效应显著为正，间接效应为负且不显著；服务业开放引领地区的人力资本水平没有显著降低本地区的环境污染水平，但是却明显改善相邻地区的环境污染状况，服务业开放滞后地区人力资本水平的负向直接效应并不显著，且产生出系数为正的间接效应；服务业开放引领地区的创新研发投入可以降低本地区的环境污染水平，但未能显著改善相邻地区的环境质量，创新研发投入在服务业开放滞后地区的直接效应和间接效应尽管均是负向作用，却没有通过相应水平的显著性检验。

综合来看，无论是按照地理区域还是开放程度高低划分，服务业开放对于环境污染水平的影响始终存在地区异质性，而之所以会产生一定的区域差异，主要原因在于以下两点：一方面，相对于西部地区和服务业开放滞后地区，东部、中部地区和服务业开放引领地区的经济发展水平较高，具有良好的经济基础支撑，不同产业间结构合理协调，同时本地区聚集了大量的高素质复合型人才，能够有效开展原始技术创新和集成创新活动，从而吸引到产品附加值高、环境污染排放少的服务产业和其他产业进入，加之这些地区在环境规制方面要求较为严格，最终可以有力地控制和减少本地区的污染物排放总量。另一方面，相对于东部、中部地区和服务业开放引领地区，西部地区和服务业开放滞后地区在地理位置和经济发展规模上并不具有优势，地区经济增长过多地依赖投入产出效率低、资源能源消耗大的资源型、污染型产业，人力资本禀赋和创新研发投入严重匮乏，难以承接到清洁型服务产业和高科技行业的产业转移，不少地区甚至竞相降低环境规制标准以此来引入落后产能和污染产能，使得地区的环境污染状况不断恶化。

8.3.2 稳健性检验

8.3.2.1 替换主要变量的测度指标

为了验证变量选择对于空间效应的稳健性，这里对主要变量的指标进行替换检验。借鉴刘斌等（2018）的研究方法，采用服务业外资依存度来代表服务业开放程度，公式如下：

$$seropen_{it} = SFDI_{it} / TFDI_{it} \tag{8-27}$$

其中，$SFDI_{it}$ 表示 i 省份在 t 时期的服务业实际利用外商直接投资额，$TFDI_{it}$ 表示 i 省份在 t 时期的实际利用外商直接投资总额，对于个别年份的统计年鉴没有给出服务业外商直接投资额，参照陈景华等（2019）的衡量方法，采用同一时期服务业增加值占本地区总增加值的比重近似替代。

郑洁等（2018）指出环境污染物可以分为纯公共污染物、地区外溢性污染物以及地方性公共产品，而二氧化碳、二氧化硫和工业固体废弃物分别是三者的典型代表。同时参考占华（2018）的做法，从人均排放量的角度测度环境污染水平，因此这里采用二氧化碳、二氧化硫和工业固体废弃物三种污染物的人均排放量之和来表示地区环境污染水平。

以经济地理权重矩阵为基础，表8-5中稳健性检验1给出更换指标之后的服务业开放回归结果。由表8-5可知，从全国层面上看，服务业开放不但有利于本地区环境污染水平的降低，而且通过空间溢出效应改善了周边地区的环境污染状况。从不同地理区域来看，东部和西部地区服务业开放的直接效应及间接效应仍然显著为负，西部地区服务业开放的直接效应尽管为负但并不显著，同时其间接效应为正。这说明随着东部和中部服务业开放程度的提高，本地区和相邻地区的环境污染水平会出现下降，西部地区的服务业开放未能显著改善本地区的环境质量，同时也加剧了相邻地区的环境污染。从服务业开放程度高低地区来看，对于服务业开放引领地区来说，服务业开放的直接效应和间接效应同样显著为负，而服务业开放滞后地区的直接效应显著为负，间接效应为负但没有通过显著性水平检验。这表明尽管改变了主要变量的测度方法，但研究结果基本与前文保持一致。

表8-5　服务业开放的稳健性检验结果

权重矩阵	效应	全国	东部地区	中部地区	西部地区	服务业开放引领地区	服务业开放滞后地区
稳健性检验1	直接效应	−1.8944 *** （−4.65）	−3.0537 *** （−4.26）	−1.6706 ** （−2.11）	−0.4446 （−0.92）	−2.2584 *** （−2.75）	−1.0350 * （−1.98）
	间接效应	−2.0164 ** （−2.05）	−4.3548 * （−1.82）	−2.2747 *** （−2.66）	0.7581 （1.38）	−3.1723 ** （−2.24）	−1.5257 （−1.41）
	总效应	−3.9108 ** （−2.03）	−7.4085 *** （−2.83）	−3.9453 * （−1.90）	0.3135 （1.29）	−5.4307 ** （−2.16）	−2.5607 （−1.33）

权重矩阵	效应	全国	东部地区	中部地区	西部地区	服务业开放引领地区	服务业开放滞后地区
稳健性检验2	直接效应	−0.8648*** (−3.43)	−1.1825*** (−4.36)	−0.6219** (−2.42)	−0.3715 (−1.29)	−1.0280*** (−3.03)	−0.5902* (−1.74)
	间接效应	−1.9313* (−1.85)	−2.3689*** (−2.79)	−1.6463* (−1.88)	0.8467 (1.12)	−1.8595** (−2.26)	−0.9920 (−1.55)
	总效应	−2.7961** (−2.08)	−3.5514** (−2.29)	−2.2682* (−1.96)	0.4752 (1.03)	−2.8875** (−2.18)	−1.5822 (−1.60)
稳健性检验3	直接效应	−2.4720*** (−4.21)	−3.9235*** (−5.11)	−2.5489*** (−2.73)	−1.1219** (−2.15)	−3.5220*** (−3.07)	−2.0539* (−1.86)
	间接效应	−3.2148* (−1.67)	−4.3354** (−2.58)	−3.3796** (−2.49)	−1.6730 (−0.94)	−3.8865** (−2.18)	−2.7223 (−0.58)
	总效应	−5.6868*** (−2.62)	−8.2589*** (−2.76)	−5.9285** (−2.05)	−2.7949 (−1.28)	−7.4085** (−2.22)	−4.7762 (−1.15)

注：括号内为各系数的 t 统计值，***、**、* 分别代表 1%、5%、10% 的显著性水平。

8.3.2.2 改变空间权重矩阵的设定

为了检验空间计量模型的稳健性，这里分别采用空间邻接权重矩阵和制度地理权重矩阵进行验证。空间邻接权重矩阵（W_4）是以两个省份之间的行政区域位置是否相邻进行设定的，若相邻则取值为 1，否则取值为 0，需要指出这一矩阵假定海南与广东、广西是相邻的，权重矩阵基本设定如下：

$$W_4 = 1, \ i \neq j; \ W_4 = 0, \ i = j \tag{8-28}$$

中国不同省份在市场化制度方面表现出很大的差异，这种差异可能会影响到各地区的环境污染治理水平，因此本书采用王小鲁等（2019）公布的中国各省份市场化指数表示各地区的制度质量，考虑到环境治理保护具有一定的滞后性，选用滞后一期的市场化指数，制度地理权重矩阵（W_5）的基本设定如下：

$$W_5 = W_1 \mathrm{diag}(\overline{M_1}/\overline{M}, \ \overline{M_2}/M, \ L, \ \overline{M_n}/\overline{M}) \tag{8-29}$$

其中，W_1 是地理距离权重矩阵，$\overline{M_i}$ 表示第 i 个省份在样本期内市场化指数的平均值，$\bar{M}$ 表示样本期内全国所有省份市场化指数的平均值。表 8-5 中稳健性检验 2、稳健性检验 3 依次给出了空间邻接权重矩阵、制度地理权重矩阵下服务业开放的回归结果，可以看出无论是从全国角度还是分地区角度看，服务业开放对于地区环境污染水平的直接效应和间接效应与前面的回归结果几乎是一致的，尽管西部地区服务业开放的空间溢出效应存在着正负变化，但是其影响作用始终是不显著的。总体而言，本书的计量模型通过了不同空间权重矩阵的稳健性检验。

8.4 本章小结

本章从理论层面分析了服务业开放对地区环境污染水平的影响机制，在此基础上，利用 2008~2018 年我国 30 个省份的面板数据，并运用空间杜宾模型在不同空间权重矩阵下考察服务业开放与地区环境污染水平之间的关系，同时将全国省份进行区域划分，对于其地区异质性进行着重分析，主要得出以下结论：全国层面上，服务业开放对于本地区环境污染水平的降低具有积极影响，而且通过空间溢出效应改善了周边省份的环境污染状况。地区层面上，提高服务业开放程度能够明显降低本地区及相邻地区的环境污染水平这一结论，仅在东部地区、中部地区和服务业开放引领地区是成立的，而西部地区和服务业开放滞后地区的服务业开放尽管有利于降低本地区的环境污染水平，但是未能显著改善周边地区的生态环境质量。

9 研究结论与展望

9.1 研究结论

9.1.1 从中国生产性服务业开放对制造业出口技术复杂度的影响

研究得出，第一，生产性服务业的开放程度越高，越能降低制造业出口企业的固定成本和可变成本，同时提供更多的知识技术等高端服务要素，有效发挥其技术外溢扩散效应，通过出口成本下降和技术创新推动两大途径提高中国制造业企业的出口技术复杂度水平。第二，制度环境越为完善的地区，其生产性服务业开放对企业出口技术复杂度的促进作用越大，说明良好的地区制度环境可以增强生产性服务业开放对制造业企业出口技术复杂度的正向提升效应。第三，从企业贸易方式和所有权属性来看，生产性服务业开放有利于提高一般贸易企业和外资企业的出口技术复杂度，但对加工贸易企业、本土企业的促进作用相对较小。第四，从企业总体规模和行业技术水平来看，生产性服务业开放使得大型企业和高技术企业的出口技术复杂度得到显著提高。

9.1.2 中国生产性服务业开放对制造业出口国内附加值率的影响

研究发现，第一，生产性服务业开放加快了服务要素与制造业要素的有效融合，增强制造业出口企业的产品定价能力，并且打破了国内上游市场厂商的垄断地位，使得国内中间品种类范围得到扩大，进而借助于成本加成提高和国内中间品价格的下降，达到促进中国制造业企业出口国内附加值率提升的目的。第二，生产性服务业开放的促进作用并没有以企业进出口规模缩减和参与全球化广度深度下降为代价，而是依靠高效整合进口中间品资源、推动贸易方式由加工贸易转向国内附加值更高的一般贸易来实现的。第三，由于加工贸易企业很少涉及自主研发、品牌营销等高附加值环节，使得生产性服务业开放的推动作用有限；国有企业享受诸多优惠政策的扶持，缺乏提升出口国内附加值的内在动力，导致其受到的正向影响并不显著。第四，较之于劳动密集型企业和资本密集型企业，技术密集型企业面临着更大的促进效应；不同于东部地区良好的产业基础优势，中部和西部地区的生产性服务业竞争力不强，极大地制约了生产性服务业开放对出口国内附加值率的促进作用发挥。

9.1.3 中国生产性服务业开放对制造业出口产品质量的影响

研究得到，第一，生产性服务业开放能够直接为制造业企业提供高质量的中间投入品，实现高端生产要素的引进吸收再创新，同时以产业链和供应链的互补联动效应为基础，将更多低效率的服务环节进行外包，并且引入外部竞争者和国外供应商等机制，通过提高生产率水平和固定投入效率来提升其出口产品质量。第二，随着中国以中间品和最终品关税水平下降为代表的贸易自由化进程加快，将会使得生产性服务业开放对制造业出口产品质量的提升效应越为增强。第三，从出口产品种类和企业发展阶段分析，多产品企业凭借其经营规模和生产效率优势获得更大的正面提升效应，而发展型企业和成熟型企业则利用完善的生产结构体系受到明显的促进作用。第四，从行业竞争程度和出口目的国分析，在生产性服务业开放的推动下，竞争性行业产生出显著的出口产品质量升级效应，而因为高标准的产品消费需求，出口到发达国家的产品质量得到较大程度的提升。

综上所述，从微观企业的研究视角来看，不管是以出口技术复杂度为衡量指标的不同产品间横向升级，还是以出口国内附加值率和出口产品质量为衡量指标的同一产品内纵向升级，中国生产性服务业开放均表现出明显的正向促进作用。此外，由于具有不同的企业、行业与地区特征，生产性服务业开放对中国制造业企业出口产品升级的提升效应同样也存在着一定的差异。

9.2　政策建议

9.2.1　坚持制度引领、分类有序、稳妥推进的基本原则，积极扩大中国生产性服务业开放的广度与深度

第一，以制度型开放为主要出发点，对标全球范围内高水平的贸易规则体系，构建中国生产性服务业与国际高标准规则相衔接的法律法规、管理体制、政策框架，为生产性服务业开放营造出统一高效、多元包容的制度支持环境。由于不同类型的生产性服务细分行业面临的开放障碍有所区别，理应建立在外资准入、人员流动、监管透明度以及其他歧视性措施等方面的差异化机制，例如商务咨询与法律行业的开放尝试部分取消人员流动限制、信息技术和电信服务行业应当降低竞争壁垒和提高监管透明度等，增强制度开放具体措施的针对性与有效性。

第二，完善生产性服务业外商投资负面清单管理模式，持续减少负面清单管制行业与准入条件，对于部分重点行业设置一定的过渡期，扩大跨境服务贸易负面清单覆盖的地区范围与行业领域。做好《外商投资产业指导目录》的动态调整工作，适时放开相关竞争性领域的外资准入，充分评估对外开放可能引发的系统性风险。依托服务业扩大开放综合试点、各地区自贸试验区以及海南自由贸易港等开放平台，加快研发设计、通信技术、电子商务、融资租赁、物流仓储等生产性服务领域开放步伐，积累更多生产性服务业开放新业态、新模式的发展经验。

第三，加快落实区域全面经济伙伴关系协定（RCEP）框架下生产性服务

业开放承诺，尤其是在金融服务、电信服务和专业服务领域采取更高水平的开放举措。拓展中国与共建"一带一路"国家在生产性服务领域的合作空间，以境外产业合作园区为载体，优先推动研发、营销、会计、金融等生产性服务对东道国进行全面覆盖。深化中国与主要发达经济体、新兴经济体在相关议题规则方面的合作交流，充分借鉴生产性服务业开放标杆国家的成熟做法，提升中国参与制定生产性服务领域国际规则的话语权和影响力。

9.2.2 畅通生产性服务业开放的作用路径，培育出生产技术领先、产品质量一流、分工地位突出的制造业出口新优势

第一，大幅减少生产性服务业外资开放限制与贸易壁垒，通过推行更多的口岸通关便利化举措，有效降低制造业出口企业的物流运输和交易成本，实现其出口固定成本和可变成本的下降。强化生产性服务要素的技术外溢效应，出台支持创新活动的税收减免抵扣政策，制定细化高新技术服务类企业的认定标准，鼓励生产性服务业企业与制造业企业联合开展原创性、关键性、引领性技术研发攻关。通过简化行政审批手续、创新管理体制机制、消除不同企业间政策差异打造出公平竞争的地区制度环境，从而巩固出口成本下降和技术创新影响渠道对制造业出口技术复杂度的促进作用。

第二，持续扩大优质的生产性服务要素进口，进一步压缩中国禁止进口和限制进口的生产性服务条目，在推进国内制造业产业链与国际供应链积极有效对接的同时，增强基础性生产性服务产品和关键零部件的自主可控能力。以多样化的生产性服务对外开放平台为载体，重点发展创新研发外包、软件信息外包和业务流程外包等贸易业态模式，深化在产品生产、运营管理、售后服务等不同领域的国际合作力度，提高中国制造业企业的固定投入效率与生产率水平，进而充分地保障其出口产品质量升级活动。

第三，按照内资外资一致的原则，落实好外资准入前和准入后的国民待遇，积极消除国有企业、民营企业与外资企业在土地供应、税费减免、公共服务等方面的政策鸿沟，强化生产性服务领域反垄断与反不正当竞争监管执法力度，严厉打击滥用市场支配地位等垄断性行为，减少通信信息、知识产权、节

能环保等高端生产性服务要素的进入壁垒，扩大国内制造业企业可以选择的中间品种类范围，使得中国制造业出口企业能够依托更具竞争力的国内附加值优势，加速迈向全球价值链分工体系下的中高端环节。

9.2.3 促进生产性服务业与制造业的深度融合发展，带动中国生产性服务业开放与制造业出口的全面升级

第一，鼓励中国制造业出口企业由生产型制造向服务型制造转变，由单一的制造环节延伸到上游产业链的技术研发、产品定制以及下游产业链的市场拓展、售后服务等，提高出口产品的技术含量、质量水平与国内附加值。通过建立产业协作联盟与综合服务平台，实现生产性服务业与制造业之间的信息共享、协同制造、资源整合。选择一批产业基础良好的经济技术开发区和产业园区，在重点行业、龙头骨干企业、专精特新中小企业开展融合发展试点工作，探索出集成生产性服务与产品制造功能的产业发展模式。

第二，以数字化、信息化、智能化作为融合发展的重要着力点，充分利用大数据、云计算、5G 网络、人工智能等信息技术，推广柔性化定制、在线增值服务、分享制造等"互联网+制造业+生产性服务业"新模式，加快实施工业互联网创新发展战略，通过构建国家工业互联网大数据中心体系，整合分析生产性服务业与制造业产生的海量数据资源。建立生产性服务业与制造业互动融合的国际交流平台，支持国内大型制造业出口企业布局海外产业网络，推动更多的中国产品、服务和标准"走出去"，从而实现中国生产性服务业开放与制造业出口更大力度、更高水平的全面升级。

9.3 研究展望

本书从理论模型和实证检验两个方面入手，详尽地探讨了在中国扩大生产性服务业开放的背景下，其对制造业出口产品升级活动中的出口技术复杂度、

出口国内附加值率和出口产品质量的影响，得到了较为丰富的研究结论，但是受到研究角度、数据指标、研究方法等多方面的限制，本书还存在很多的不足之处和有待未来拓展的研究空间。

第一，在研究角度方面，随着全球新一轮科技革命和产业革命的兴起发展，不仅仅包括服务化，例如智能化、数字化和信息化也是制造业出口实现高质量发展的重要方向。由此可见，人工智能技术应用、数字经济发展以及新型基础设施建设等同样也是制造业出口产品升级活动中不容忽视的影响因素，同时也要关注跨境电子商务、离岸贸易发展、外贸综合服务企业等贸易新业态模式，以及它们与生产性服务业开放之间相互融合发展的重要趋势。

第二，在数据指标方面，本书主要使用 2000～2007 年中国工业企业数据库和海关贸易数据库的合并匹配数据，其数据时效性方面可能存在一定的不足，对于这一问题，本书在稳健性检验中采用 2011～2013 年的数据进行调整补充，最大限度上降低了数据时效性不强对研究结论产生的不利影响，今后的研究中可以尝试利用数据更新年份较近的上市公司数据进行分析。此外，本书是从外资开放的视角来衡量中国生产性服务业开放程度，并没有考虑到生产性服务贸易的影响，下一步需要构建出涵盖外资开放和对外贸易两个方面的综合性测度指标。

第三，在研究方法方面，本书的实证研究部分主要是基于固定效应模型展开分析，同时也采用工具变量法和两阶段最小二乘法解决潜在的内生性问题，但仍然需要改进完善，可以结合中国生产性服务业开放进程中推行的重要政策举措和试点工作，如生产性服务领域外商投资准入负面清单的缩减、服务业扩大开放综合试点地区的设立等，进而使用倾向匹配得分—双重差分模型（PSM-DID）、断点回归法（RDD）、合成控制法（SCM）等因果推断方法，既能缓解可能存在的内生性问题，也能观察到中国生产性服务业开放对制造业出口产品升级的政策实施效果。

参考文献

［1］ Ahn, J. B. , A. K. Khandelwal, and S. J. Wei. The role of intermediaries in facilitating trade ［J］. Journal of International Economics, 2011, 84 （1）: 73-85.

［2］ Amiti, M. , and J. Konings. Trade liberalization, intermediate inputs, and productivity: Evidence from Indonesia ［J］. American Economic Review, 2007, 97 （5）: 1611-1638.

［3］ Amiti, M. , and A. K. Khandelwal. Import competition and quality upgrading ［J］. Review of Economics and Statistics, 2013, 95 （2）: 476-490.

［4］ Amiti, M. , and S. J. Wei. Service offshoring and productivity: Evidence from the US ［J］. The World Economy, 2009, 32 （2）: 203-220.

［5］ Antonelli, C. Localized technological change, new information technology and the knowledge-based economy: The European evidence ［J］. Journal of Evolutionary Economics, 1998, 8 （2）: 177-198.

［6］ Arnold, J. M. , B. Javorcik, and M. Lipscomb. Services reform and manufacturing performance: Evidence from India ［J］. Economic Journal, 2016, 126 （590）: 1-39.

［7］ Arnold, J. M. , B. Javorcik, and A. Mattoo. Does services liberalization benefit manufacturing firms? Evidence from the Czech Republic ［J］. Journal of International Economics, 2011, 85 （1）: 136-146.

［8］ Assche, A. V. , and B. Gangnes. Electronics production upgrading: Is China exceptional? ［J］. Applied Economics Letters, 2010, 17 (5): 477-482.

［9］ Baldwin, R. , and J. Harrigan. Zeros, Quality and space: trade theory and trade evidence ［J］. American Economic Journal: Microeconomics, 2011, 3 (2): 60-88.

［10］ Barone, G. , and F. Cingano. Service regulation and growth: Evidence from OECD countries ［J］. Economic Journal, 2011, 121 (8): 931-957.

［11］ Bas, M. , and V. Strauss - Kahn. Input - trade liberalization, export prices and quality upgrading ［J］. Journal of International Economics, 2015, 95 (2): 250-262.

［12］ Bas, M. Does services liberalization affect manufacturing firms' export performance? Evidence from India ［J］. Journal of Comparative Economics, 2014, 42 (3): 569-589.

［13］ Bas, M. The effect of communication and energy services reform on manufacturing firms' innovation ［J］. Journal of Comparative Economics, 2020, 48 (2): 339-362.

［14］ Bastos, P. , J. Silva, and E. Verhoogen. Export destinations and input prices ［J］. American Economic Review, 2018, 108 (2): 353-392.

［15］ Berkowitz, D. , J. Moenius, and K. Pistor. Trade, law, and product complexity ［J］. Review of Economics and Statistics, 2006, 88 (2): 363-373.

［16］ Bernini, M. , S. Guillou, and F. Bellone. Financial leverage and export quality: Evidence from France ［J］. Journal of Banking & Finance, 2015 (59): 280-296.

［17］ Beverelli, C. , M. Fiorini, and B. Hoekman. Services trade policy and manufacturing productivity: The role of institutions ［J］. Journal of International Economics, 2017, 104: 166-182.

［18］ Biryukova, O. , and T. Vorobjeva. The impact of service liberalization on the participation of BRICS countries in global value chains ［J］. International Organisations Research Journal, 2017, 12 (3): 94-113.

［19］ Blalock, G. , and F. M. Veloso. Imports, productivity growth, and supply chain learning ［J］. World Development, 2007, 35 (7): 1134-1151.

［20］ Bosworth, B. , and J. Triplett. The early 21st century US productivity expansion is still in services ［J］. International Productivity Monitor, 2008 (14): 3-19.

［21］ Brambilla, I. , and G. Porto. High-income export destinations, quality and wages ［J］. Journal of International Economics, 2016 (98): 21-35.

［22］ Brandt, L. , J. V. Biesebroeck, and Y. Zhang. Creative accounting or creative destruction? Firm-level productivity growth in chinese manufacturing ［J］. Journal of Development Economics, 2012, 97 (2): 339-351.

［23］ Broda, C. , and D. E. Weinstein. Globalization and the gains from variety ［J］. Quarterly Journal of Economics, 2006, 121 (2): 541-585.

［24］ Browning, C. , and J. Singelman. The emergence of a service society ［M］. Springfield, 1975.

［25］ Cai, H. , and Q. Liu. Competition and corporate tax avoidance: Evidence from Chinese industrial firms ［J］. Economic Journal, 2009, 119 (3): 764-795.

［26］ Chen, B. , M. Yu, and Z. Yu. Measured skill premia and input trade liberalization: evidence from Chinese firms ［J］. Journal of International Economics, 2017 (109): 31-42.

［27］ Chen, Z. , J. Zhang, and W. Zheng. Import and innovation: evidence from Chinese firms ［J］. European Economic Review, 2017, 94 (3): 205-220.

［28］ Crozet, M. , K. Head, and T. Mayer. Quality sorting and trade: Firm-level Evidence for French wine ［J］. Review of Economic Studies, 2012, 79 (2): 609-644.

［29］ Dai, F. , R. Liu, and H. Guo. How does intermediate consumption affect GVC positions? A comparison between China and US ［J］. China Economic Review, 2020, 63: 101531.

[30] De Loecker, J., and F. Warzynski. Markups and firm-level export status [J]. American Economic Review, 2012, 102 (6): 2437-2471.

[31] Deardorff, A. Fragmentation in simple trade models [J]. The North American Journal of Economics and Finance, 2011, 12 (2): 121-137.

[32] Eichengreen, B., and P. Gupta. The two waves of service sector growth [J]. Oxford Economic Papers, 2013, 65 (1): 96-120.

[33] Eswaran, M., and A. Kotwal. The role of the service sector in the process of industrialization [J]. Journal of Development Economics, 2002, 68 (2): 401-420.

[34] Fan, H., Y. A. Li, and S. R. Yeaple. Trade liberalization, quality, and export prices [J]. Review of Economics and Statistics, 2015, 97 (5): 1033-1051.

[35] Fan, Z., S. Anwar, and S. Huang. Cultural diversity and export sophistication [J]. International Review of Economics & Finance, 2018 (58): 508-522.

[36] Feenstra, R. C., Z. Li, and M. Yu. Exports and credit constraints under incomplete information: Theory and evidence from China [J]. Review of Economics and Statistics, 2014, 96 (4): 729-744.

[37] Feenstra, R. C., and J. Romalis. International prices and endogenous quality [J]. Quarterly Journal of Economics, 2014, 129 (2): 477-527.

[38] Feng, L., Z. Li, and D. Swenson. The connection between imported intermediate inputs and exports: Evidence from Chinese firms [J]. Journal of International Economics, 2016 (101): 86-101.

[39] Fernandes, A. M., and C. Paunov. Foreign direct investment in services and manufacturing productivity growth: Evidence for Chile [J]. Journal of Development Economics, 2012, 97 (2): 305-321.

[40] Fink, C., A. Mattoo, and I. Neagu. Assessing the impact of communication costs on international trade [J]. Journal of International Economics, 2005,

67 (2): 428-445.

[41] Fiorini, M. , and B. Hoekman. Services trade policy and sustainable development [J]. World Development, 2018, 122 (5): 1-12.

[42] Fisher, A. The clash of progress and security [J]. Economica, 1937, 13 (4): 99-102.

[43] Francois, J. , and J. Woerz. Producer services, manufacturing linkages, and trade [J]. Journal of Industry Competition and Trade, 2008, 86 (8): 199-229.

[44] Francois, J. , and I. Wooton. Market structure, trade liberalization and the GATS [J]. European Journal of Political Economy, 2009, 17 (2): 389-402.

[45] Francois, J. Trade in producer services and returns due to specialization under monopolistic competition [J]. Canadian Journal of Economics, 1990, 23 (1): 109-124.

[46] Goldberg, P. K. , A. K. Khandelwal, and N. Pavcnik N. Multiproduct firms and product turnover in the developing world: Evidence from India [J]. Review of Economics and Statistics, 2010, 92 (4): 1042-1049.

[47] Greenfield, H. Manpower and the growth of producer services [M]. New York: Columbia University Press, 1966.

[48] Guerrieri, P. , and V. Meliciani. Technology and international competitiveness: The interdependence between manufacturing and producer services [J]. Structural Change and Economic Dynamics, 2005, 16 (4): 489-502.

[49] Hallak, J. C. , and P. Schott. Estimating cross-country differences in product quality [J]. Quarterly Journal of Economics, 2011, 126 (1): 417-474.

[50] Hallak, J. C. Product quality and the direction of trade [J]. Journal of International Economics, 2006, 68 (1): 238-265.

[51] Hallak, J. C. , and J. Sivadasan. Firms' exporting behavior under quality constraints [R]. NBER Working Paper, 2009.

[52] Halpern, L. , M. Koren and A. Szeidl. Imported inputs and productivity

[J]. American Economic Review, 2015, 105 (12): 3660-3703.

[53] Harms, P., and D. Shuvalova. Cultural distance and international trade in services: A disaggregate view [J]. Economic Systems, 2020, 44 (2): 36-51.

[54] Hansen, U. E., N. Fold, and T. Hansen. Upgrading to lead firm position via international acquisition: Learning from the global biomass power plant industry [J]. Journal of Economic Geography, 2016, 16 (1): 131-153.

[55] Hausmann, R., J. Hwang, and D. Rodrik. What you export matters [J]. Journal of Economic Growth, 2007, 12 (1): 1-25.

[56] Hayakawa, K., H. Mukunoki, and C. Yang. Liberalization for services FDI and export quality: Evidence from China [J]. Journal of the Japanese and International Economies, 2020, 55: 101060.

[57] Heckman, J. Sample selection bias as a specification error [J]. Econometrica, 1979, 47 (1): 153-161.

[58] Hoekman, B. Assessing the general agreement on trade in services [J]. World Bank Discussion Papers, 1995, 25 (3): 327-364.

[59] Hummels, D., J. Ishii, and K. Yi. The nature and growth of vertical specialization in world trade [J]. Journal of International Economics, 2001, 54 (1): 75-96.

[60] Hummels, D., and A. Skiba. Shipping the good apples out? An empirical confirmation of the Alchian-Allen conjecture [J]. Journal of Political Economy, 2004, 112 (6): 384-402.

[61] Humphrey, J., and H. Schmitz. How does insertion in global value chains affect upgrading in industrial clusters? [J]. Regional Studies, 2002, 36 (9): 1017-1027.

[62] Jarreau, J., and S. Poncet. Export sophistication and economic growth: Evidence from China [J]. Journal of Development Economics, 2012, 97 (2): 281-292.

[63] Jensen, J., T. Rutherford, and D. Tarr. The impact of liberalizing barri-

ers to foreign direct investment in services: The case of Russian accession to the world trade organization [J]. Review of Development Economics, 2007 (11): 482-506.

[64] Katharina, E., and H. Stephan. Product sophistication and spillovers from foreign direct investment [J]. Canadian Journal of Economics, 2016, 49 (4): 1658-1684.

[65] Ke, S., M. He, and C. Yuan. Synergy and co-agglomeration of producer services and manufacturing: A panel data analysis of Chinese cities [J]. Regional Studies, 2014, 48 (11), 1829-1841.

[66] Kee, H., and H. Tang. Domestic value added in exports: Theory and firm evidence from China [J]. American Economic Review, 2016, 106 (6): 1402-1436.

[67] Kee, H., N. Alessandro, and O. Marcelo. Estimating trade restrictiveness indices [J]. Economic Journal, 2012, 119 (534): 172-199.

[68] Khandelwal, A. K., P. K. Schott, and S. J. Wei. Trade liberalization and embedded institutional reform: Evidence from Chinese exporters [J]. American Economic Review, 2013, 103 (6): 2169-2195.

[69] Kimura, F., and H. Lee. The gravity equation in international trade in services [J]. Review of World Economics, 2010, 142 (1): 92-121.

[70] Kleibergen, F., and R. Paap. Generalized reduced rank tests using the singular value decomposition [J]. Journal of Econometrics, 2006, 133 (1): 97-126.

[71] Koopman, R., Z. Wang, and S. J. Wei. Estimating domestic content in exports when processing trade is pervasive [J]. Journal of Development Economics, 2012, 99 (1): 178-189.

[72] Koopman, R., Z. Wang, and S. J. Wei. Tracing value - added and double counting in gross exports [J]. American Economic Review, 2014, 104 (2): 459-494.

［73］Kugler, M., and E. Verhoogen. Prices, plant size, and product quality ［J］. Review of Economic Studies, 2012, 79 (1): 307-339.

［74］Lall, S., J. Weiss, and J. Zhang. The sophistication of exports: A new trade measure ［J］. World Development, 2006, 34 (2): 222-237.

［75］Langhammer, R. Service trade liberalization as a handmaiden competitiveness in manufacturing: An industrialized or developing country issue? ［J］. Journal of World Trade, 2007, 41 (5): 909-929.

［76］Lee, W. Services liberalization and global value chain participation: New evidence for heterogeneous effects by income level and provisions ［J］. Review of International Economics, 2019, 27 (3): 888-915.

［77］Levinsohn, J., and A. Petrin. Estimating production functions using inputs to control for unobservables ［J］. Review of Economic Studies, 2003, 70 (2): 317-341.

［78］Lewis, J., S. Robinson, and K. Thierfelder. Free trade agreements and the SADC economies ［J］. Journal of African Economics, 2003, 12 (2): 156-206.

［79］Liu, Q., and L. Qiu. Intermediate input imports and innovations: Evidence from Chinese firms' patent filings ［J］. Journal of International Economics, 2016, 103 (5): 166-183.

［80］Liu, X., A. Mattoo, Z. Wang, and S. J. Wei. Services development and comparative advantage in manufacturing ［J］. Journal of Development Economics, 2020, 144: 102438.

［81］Lu, Y., Z. Tao, and Y. Zhang. How do exporters respond to antidumping investigations? ［J］. Journal of International Economics, 2013, 91 (2): 290-300.

［82］Macpherson, A. Producer service linkages and industrial innovation: Results of a twelve - year tracking study of new york state manufacturers ［J］. Growth & Change, 2008, 39 (1): 1-23.

［83］ Maggi, B. , and D. Muro. A multi-country non-linear dynamical model for the study of European growth based on technology and business services ［J］. Structural Change and Economic Dynamics, 2013 (25): 173-187.

［84］ Manova, K. , and Z. Yu. Multi - product firms and product quality ［J］. Journal of International Economics, 2017 (109): 116-137.

［85］ Markusen, J. , and S. Bridget. Adapting the knowledge-capital model of the multinational enterprise to trade and investment in business services ［J］. The World Economy, 2009, 32 (1): 6-29.

［86］ Markusen, J. , T. Rutherford, and D. Tarr. Trade and direct investment in producer services and the domestic market for expertise ［J］. Canadian Journal of Economics, 2005, 38 (3): 758-777.

［87］ Mattoo, A. , Rathindran, and A. Subramanian. Measuring services trade liberalization and its impact on economic growth: An illustration ［J］. Journal of Economic Integration, 2006, 21 (1): 64-98.

［88］ Melitz, M. J. , and G. I. Ottaviano. Market size, trade, and productivity ［J］. The Review of Economic Studies, 2008, 75 (1): 295-316.

［89］ Melitz, M. J. The impact of trade on intra-industry reallocations and aggregate industry productivity ［J］. Econometrica, 2003, 71 (6): 1695-1725.

［90］ Nevo, A. Measuring Market power in the ready-to-eat cereal industry ［J］. Econometrica, 2001 (69): 307-342.

［91］ Nguyen, D. X. Trade liberalization and export sophistication in Vietnam ［J］. Journal of International Trade & Economic Development, 2016, 25 (8): 1071-1089.

［92］ Park, I. , and P. Soonchan. Regional liberalisation of trade in services ［J］. The World Economy, 2019, 34 (5): 725-740.

［93］ Parul, D. Predicting the effects of services trade liberalization ［J］. International Economic Journal, 2020, 34 (2): 185-201.

［94］ Robinson, S. , Z. Wang, and W. Martin. Capturing the implications of services trade liberalization [J]. Economic Systems Research, 2002, 14 (1): 3-33.

[95] Rodrik, D. What is so special about China's exports? [J]. China & World Economy, 2006, 14 (5): 1-19.

[96] Schor, A. Heterogeneous productivity response to tariff reduction. Evidence from Brazilian manufacturing firms [J]. Journal of Development Economics, 2004, 75 (2): 373-396.

[97] Schott, P. K. The relative sophistication of Chinese exports [J]. Economic Policy, 2008, 23 (53): 6-49.

[98] Segerstrom, P. S. The long-run growth effects of R&D subsidies [J]. Journal of Economic Growth, 2000, 5 (3): 277-305.

[99] Su, X., S. Anwar, and Y. Zhou. Services trade restrictiveness and manufacturing export sophistication [J]. The North American Journal of Economics and Finance, 2020 (51): 101058.

[100] Tacchella, A., M. Cristelli, and G. Caldarelli. Economic complexity: Conceptual grounding of a new metrics for global competitiveness [J]. Journal of Economic Dynamics and Control, 2013, 37 (8): 1683-1691.

[101] Tang, H., and Y. Zhang. Exchange rates and the margins of trade: Evidence from Chinese exporters [J]. CESifo Economic Studies, 2012, 58 (4): 671-702.

[102] Tebaldi, E. The determinants of high-technology exports: A panel data analysis [J]. Atlantic Economic Journal, 2011, 39 (4): 343-353.

[103] Topalova, P., and A. Khandelwal. Trade liberalization and firm productivity: The case of India [J]. Review of Economics and Statistics, 2011, 93 (3): 995-1009.

[104] Upward, R., Z. Wang, and J. Zheng. Weighing China's export basket: The domestic content and technology intensity of Chinese exports [J]. Journal of Comparative Economics, 2013, 41 (2): 527-543.

［105］Weldemicael, E. Technology, trade costs and export sophistication ［J］. The World Economy, 2015, 37（1）: 14-41.

［106］Willem, T. , and H. Pai. The sophistication of East Asian exports ［J］. Journal of the Asia Pacific Economy, 2015, 20（4）: 658-678.

［107］Windrum, P. , and M. Tomlinson. Knowledge – intensive services and international competitiveness: A four country comparison ［J］. Technology Analysis & Strategic Management, 1999, 11（3）: 391-408.

［108］Winkler, D. Services offshoring and its impact on productivity and employment: Evidence from Germany, 1995-2006 ［J］. The World Economy, 2020, 33（12）: 1672-1701.

［109］Xing, Y. Q. , and S. P. Huang. Value captured by China in the smartphone GVC-A tale of three smartphone handsets ［J］. Structural Change and Economic Dynamics, 2021（58）: 256-266.

［110］Xu, B. , and J. Lu. Foreign direct investment, processing trade, and the sophistication of China's exports ［J］. China Economic Review, 2009, 20（3）: 425-439.

［111］Xu, B. Measuring China's export sophistication ［R］. China Europe International Business School Working Paper, 2007.

［112］Yao, S. Why are Chinese exports not so special? ［J］. China & World Economy, 2009, 17（1）: 47-65.

［113］Yu, M. Processing trade, tariff reductions and firm productivity: Evidence from Chinese firms ［J］. Economic Journal, 2015, 125（585）: 943-988.

［114］Zhang, H. , and X. Yang. Intellectual property rights and export sophistication ［J］. Journal of International Commerce, Economics and Policy, 2016, 7（3）: 1-19.

［115］陈虹, 王蓓. 生产性服务业进口技术复杂度对制造业出口质量的影响研究 ［J］. 国际贸易问题, 2020（9）: 97-112.

［116］陈丽娴, 魏作磊. 服务业开放优化了我国经济增长质量吗 ［J］. 国

际经贸探索，2016，32（12）：49-63.

[117] 陈明，魏作磊. 生产性服务业开放对中国服务业生产率的影响 [J]. 数量经济技术经济研究，2018，35（5）：95-111.

[118] 陈明，魏作磊. 生产性服务业开放对中国制造业生产率的影响分析——基于生产性服务细分行业的角度 [J]. 经济评论，2018（3）：59-73.

[119] 陈晓华，黄先海，刘慧. 生产性服务资源环节错配对高技术产品出口的影响分析 [J]. 统计研究，2019，36（1）：65-76.

[120] 程大中. 中国生产性服务业的水平、结构及影响——基于投入—产出法的国际比较研究 [J]. 经济研究，2008（1）：76-88.

[121] 戴魁早. 技术市场发展对出口技术复杂度的影响及其作用机制 [J]. 中国工业经济，2018（7）：117-135.

[122] 戴觅，余淼杰，Madhura Maitra. 中国出口企业生产率之谜：加工贸易的作用 [J]. 经济学（季刊），2014，13（2）：675-698.

[123] 戴翔，金碚. 产品内分工、制度质量与出口技术复杂度 [J]. 经济研究，2014，49（7）：4-17.

[124] 戴翔，张二震. 中国出口技术复杂度真的赶上发达国家了吗 [J]. 国际贸易问题，2011（7）：3-16.

[125] 单豪杰. 中国资本存量 K 的再估算：1952~2006 年 [J]. 数量经济技术经济研究，2008，25（10）：17-31.

[126] 党琳，李雪松，申烁. 制造业行业数字化转型与其出口技术复杂度提升 [J]. 国际贸易问题，2021（6）：32-47.

[127] 杜运苏，彭冬冬，陈启斐. 服务业开放对企业出口国内价值链的影响——基于附加值率和长度视角 [J]. 国际贸易问题，2021（9）：157-174.

[128] 樊纲，王小鲁，马光荣. 中国市场化进程对经济增长的贡献 [J]. 经济研究，2011，46（9）：4-16.

[129] 樊海潮，李亚波，张丽娜. 进口产品种类、质量与企业出口产品价格 [J]. 世界经济，2020，43（5）：97-121.

[130] 樊秀峰，韩亚峰. 生产性服务贸易对制造业生产效率影响的实证

研究——基于价值链视角［J］. 国际经贸探索，2019，28（5）：4-14.

［131］方森辉，毛其淋. 高校扩招、人力资本与企业出口质量［J］. 中国工业经济，2021（11）：97-115.

［132］冯凯，李荣林. 负面清单视角下上海自贸区服务业开放度研究［J］. 上海经济研究，2019（6）：121-128.

［133］符大海，鲁成浩. 服务业开放促进贸易方式转型——企业层面的理论和中国经验［J］. 中国工业经济，2021（7）：156-174.

［134］高觉民，李晓慧. 生产性服务业与制造业的互动机理：理论与实证［J］. 中国工业经济，2011（6）：151-160.

［135］高翔，黄建忠，袁凯华. 价值链嵌入位置与出口国内增加值率［J］. 数量经济技术经济研究，2019，36（6）：41-61.

［136］高翔，刘啟仁，黄建忠. 要素市场扭曲与中国企业出口国内附加值率：事实与机制［J］. 世界经济，2018，41（10）：26-50.

［137］龚关，胡关亮. 中国制造业资源配置效率与全要素生产率［J］. 经济研究，2013，48（4）：4-15.

［138］顾雪芹. 中国生产性服务业开放与制造业价值链升级［J］. 世界经济研究，2020（3）：121-134.

［139］韩峰，阳立高. 生产性服务业集聚如何影响制造业结构升级？——一个集聚经济与熊彼特内生增长理论的综合框架［J］. 管理世界，2020，36（2）：72-94.

［140］韩会朝，徐康宁. 中国产品出口"质量门槛"假说及其检验［J］. 中国工业经济，2014（4）：58-70.

［141］侯欣裕，孙浦阳，杨光. 服务业外资管制、定价策略与下游生产率［J］. 世界经济，2018，41（9）：146-170.

［142］胡浩然，李坤望. 企业出口国内附加值的政策效应：来自加工贸易的证据［J］. 世界经济，2019，42（7）：145-170.

［143］胡浩然. 清洁生产环境规制与中国企业附加值升级［J］. 国际贸易问题，2021（8）：137-155.

［144］黄先海，陈晓华，刘慧．产业出口复杂度的测度及其动态演进机理分析——基于 52 个经济体 1993~2006 年金属制品出口的实证研究［J］．管理世界，2010（3）：44-55.

［145］黄先海，卿陶．出口贸易成本与企业创新：理论机理与实证检验［J］．世界经济研究，2020，（5）：3-16.

［146］江小涓．服务全球化的发展趋势和理论分析［J］．经济研究，2008（2）：4-18.

［147］蒋殿春，张宇．经济转型与外商直接投资技术溢出效应［J］．经济研究，2008（7）：26-38.

［148］蒋灵多，陈勇兵．出口企业的产品异质性与出口持续时间［J］．世界经济，2015，38（7）：3-26.

［149］金祥荣，茹玉骢，吴宏．制度、企业生产效率与中国地区间出口差异［J］．管理世界，2008（11）：65-77.

［150］李波，杨先明．劳动保护与企业出口产品质量——基于《劳动合同法》实施的准自然实验［J］．经济学动态，2021（7）：99-115.

［151］李琛，赵军，刘春艳．双向 FDI 协同与制造业出口竞争力升级：理论机制与中国经验［J］．产业经济研究，2020（2）：16-31.

［152］李宏，任家禛．汇率变动对中国制造业进出口技术复杂度的影响分析［J］．世界经济研究，2020（3）：3-15.

［153］李宏亮，谢建国，杨继军．金融业开放与中国企业的出口国内增加值率［J］．国际贸易问题，2021（7）：54-73.

［154］李宏亮，谢建国．服务贸易自由化能否促进中国企业创新［J］．中南财经政法大学学报，2018（3）：127-137.

［155］李焕杰，张远．中间品贸易自由化、经济空间集聚与企业生产率［J］．产业经济研究，2021（3）：84-98.

［156］李惠娟，蔡伟宏．离岸生产性服务中间投入对中国制造业出口技术复杂度的影响［J］．世界经济与政治论坛，2016（3）：122-141.

［157］李俊青，苗二森．不完全契约条件下的知识产权保护与企业出口

技术复杂度［J］．中国工业经济，2018（12）：115-133．

［158］李坤望，蒋为，宋立刚．中国出口产品品质变动之谜：基于市场进入的微观解释［J］．中国社会科学，2014（3）：80-103．

［159］李兰冰，路少朋．高速公路与企业出口产品质量升级［J］．国际贸易问题，2021（9）：33-50．

［160］李胜旗，毛其淋．制造业上游垄断与企业出口国内附加值——来自中国的经验证据［J］．中国工业经济，2017（3）：101-119．

［161］李小帆，马弘．服务业FDI管制与出口国内增加值：来自跨国面板的证据［J］．世界经济，2019，42（5）：123-144．

［162］李小平，周记顺，王树柏．中国制造业出口复杂度的提升和制造业增长［J］．世界经济，2015，38（2）：31-57．

［163］李杨，闫蕾，章添香．中国生产性服务业开放与制造业全要素生产率提升——基于行业异质性的视角［J］．浙江大学学报（人文社会科学版），2018，48（4）：94-110．

［164］凌丹，刘慧岭，肖德云．生产性服务业中间投入对制造业贸易利益的影响［J］．中国科技论坛，2019（5）：35-45．

［165］刘斌，王乃嘉．制造业投入服务化与企业出口的二元边际——基于中国微观企业数据的经验研究［J］．中国工业经济，2016（9）：59-74．

［166］刘斌，魏倩，吕越，祝坤福．制造业服务化与价值链升级［J］．经济研究，2016，51（3）：151-162．

［167］刘琳，盛斌．全球价值链和出口的国内技术复杂度——基于中国制造业行业数据的实证检验［J］．国际贸易问题，2017（3）：3-13．

［168］刘啟仁，铁瑛．企业雇佣结构、中间投入与出口产品质量变动之谜［J］．管理世界，2020，36（3）：1-23．

［169］刘小玄，李双杰．制造业企业相对效率的度量和比较及其外生决定因素（2000—2004）［J］．经济学（季刊），2008（3）：843-868．

［170］刘晓宁，刘磊．贸易自由化对出口产品质量的影响效应——基于中国微观制造业企业的实证研究［J］．国际贸易问题，2015（8）：14-23．

［171］刘艳．生产性服务进口与高技术制成品出口复杂度——基于跨国面板数据的实证分析［J］．产业经济研究，2014（4）：84-93．

［172］刘玉海，廖赛男，张丽．税收激励与企业出口国内附加值率［J］．中国工业经济，2020（9）：99-117．

［173］刘志彪．论以生产性服务业为主导的现代经济增长［J］．中国经济问题，2001（1）：10-17．

［174］卢福财，金环．互联网是否促进了制造业产品升级——基于技术复杂度的分析［J］．财贸经济，2020，41（5）：99-115．

［175］卢盛峰，董如玉，叶初升．"一带一路"倡议促进了中国高质量出口吗——来自微观企业的证据［J］．中国工业经济，2021（3）：80-98．

［176］罗军．生产性服务 FDI 对制造业出口技术复杂度的影响研究［J］．中国管理科学，2020，28（9）：54-65．

［177］罗长远，张军．附加值贸易：基于中国的实证分析［J］．经济研究，2014，49（6）：4-17．

［178］吕越，盛斌，吕云龙．中国的市场分割会导致企业出口国内附加值率下降吗［J］．中国工业经济，2018（5）：5-23．

［179］吕越，尉亚宁．全球价值链下的企业贸易网络和出口国内附加值［J］．世界经济，2020，43（12）：50-75．

［180］马丹，何雅兴，张婧怡．技术差距、中间产品内向化与出口国内增加值份额变动［J］．中国工业经济，2019（9）：117-135．

［181］马盈盈．服务贸易自由化与全球价值链：参与度及分工地位［J］．国际贸易问题，2019（7）：113-127．

［182］毛其淋，盛斌．对外经济开放、区域市场整合与全要素生产率［J］．经济学（季刊），2012，11（1）：181-210．

［183］毛其淋，盛斌．贸易自由化、企业异质性与出口动态——来自中国微观企业数据的证据［J］．管理世界，2013（3）：48-65．

［184］毛其淋，许家云．中间品贸易自由化与制造业就业变动——来自中国加入 WTO 的微观证据［J］．经济研究，2016，51（1）：69-83．

［185］蒙英华，尹翔硕．生产者服务贸易与中国制造业效率提升——基于行业面板数据的考察［J］．世界经济研究，2010（7）：38-44．

［186］聂辉华，江艇，杨汝岱．中国工业企业数据库的使用现状和潜在问题［J］．世界经济，2012，35（5）：142-158．

［187］彭书舟，李小平，刘培．服务业外资管制放松与制造业企业出口产品质量升级［J］．国际贸易问题，2020（11）：109-124．

［188］齐俊妍，强华俊．数字服务贸易壁垒影响服务出口复杂度吗——基于 OECD-DSTRI 数据库的实证分析［J］．国际商务（对外经济贸易大学学报），2021（4）：1-18．

［189］齐俊妍，任同莲．生产性服务业开放、行业异质性与制造业服务化［J］．经济与管理研究，2020，41（3）：72-86．

［190］钱学锋，潘莹，毛海涛．出口退税、企业成本加成与资源误置［J］．世界经济，2015，38（8）：80-106．

［191］尚涛，陶蕴芳．中国生产性服务贸易开放与制造业国际竞争力关系研究——基于脉冲响应函数方法的分析［J］．世界经济研究，2019（5）：52-58．

［192］邵朝对，苏丹妮，王晨．服务业开放、外资管制与企业创新：理论和中国经验［J］．经济学（季刊），2021，21（4）：1411-1432．

［193］邵朝对，苏丹妮．产业集聚与企业出口国内附加值：GVC 升级的本地化路径［J］．管理世界，2019，35（8）：9-29．

［194］沈国兵，袁征宇．互联网化、创新保护与中国企业出口产品质量提升［J］．世界经济，2020，43（11）：127-151．

［195］盛斌，毛其淋．进口贸易自由化是否影响了中国制造业出口技术复杂度［J］．世界经济，2017，40（12）：52-75．

［196］施炳展，邵文波．中国企业出口产品质量测算及其决定因素——培育出口竞争新优势的微观视角［J］．管理世界，2014（9）：90-106．

［197］舒杏，王佳．生产性服务贸易自由化对制造业生产率的影响机制与效果研究［J］．经济学家，2018（3）：73-81．

［198］宋跃刚，郑磊．中间品进口、自主创新与中国制造业企业出口产品质量升级［J］．世界经济研究，2020（11）：26-44.

［199］苏丹妮，邵朝对．服务业开放、生产率异质性与制造业就业动态［J］．财贸经济，2021，42（1）：151-164.

［200］苏丹妮，盛斌，邵朝对．产业集聚与企业出口产品质量升级［J］．中国工业经济，2018（11）：117-135.

［201］苏丹妮，盛斌．服务业外资开放如何影响企业环境绩效——来自中国的经验［J］．中国工业经济，2021（6）：61-79.

［202］孙浦阳，侯欣裕，盛斌．服务业开放、管理效率与企业出口［J］．经济研究，2018，53（7）：136-151.

［203］孙湘湘，周小亮．服务业开放对制造业价值链攀升效率的影响研究——基于门槛回归的实证分析［J］．国际贸易问题，2018（8）：94-107.

［204］唐晓华，张欣珏，李阳．中国制造业与生产性服务业动态协调发展实证研究［J］．经济研究，2018，53（3）：79-93.

［205］田巍，余淼杰．企业出口强度与进口中间品贸易自由化：来自中国企业的实证研究［J］．管理世界，2013（1）：28-44.

［206］王海成，许和连，邵小快．国有企业改制是否会提升出口产品质量［J］．世界经济，2019，42（3）：94-117.

［207］王思语，郑乐凯．制造业服务化是否促进了出口产品升级——基于出口产品质量和出口技术复杂度双重视角［J］．国际贸易问题，2019（11）：45-60.

［208］王直，魏尚进，祝坤福．总贸易核算法：官方贸易统计与全球价值链的度量［J］．中国社会科学，2015（9）：108-127.

［209］魏浩，连慧君．进口竞争与中国企业出口产品质量［J］．经济学动态，2020（10）：44-60.

［210］魏悦羚，张洪胜．进口自由化会提升中国出口国内增加值率吗——基于总出口核算框架的重新估计［J］．中国工业经济，2019（3）：24-42.

[211] 温忠麟, 叶宝娟. 中介效应分析: 方法和模型发展 [J]. 心理科学进展, 2014, 22 (5): 731-745.

[212] 武力超, 张馨月, 侯欣裕. 生产性服务业自由化对微观企业出口的机制研究与实证考察 [J]. 财贸经济, 2016 (4): 101-115.

[213] 谢红军, 张禹, 洪俊杰, 郑晓佳. 鼓励关键设备进口的创新效应——兼议中国企业的创新路径选择 [J]. 中国工业经济, 2021 (4): 100-118.

[214] 谢慧, 黄建忠. 服务业管制改革与制造业生产率——基于三水平多层模型的研究 [J]. 国际贸易问题, 2015 (2): 94-102.

[215] 徐紫嫣, 姚战琪, 夏杰长. 协同集聚对出口技术复杂度的影响研究——基于区域创新中介效应检验 [J]. 经济纵横, 2021 (9): 43-52.

[216] 许和连, 成丽红, 孙天阳. 制造业投入服务化对企业出口国内增加值的提升效应——基于中国制造业微观企业的经验研究 [J]. 中国工业经济, 2017 (10): 62-80.

[217] 许家云, 毛其淋, 胡鞍钢. 中间品进口与企业出口产品质量升级: 基于中国证据的研究 [J]. 世界经济, 2017, 40 (3): 52-75.

[218] 许家云, 张俊美. 知识产权战略与中国制造业企业出口产品质量——一项准自然实验 [J]. 国际贸易问题, 2020 (11): 1-14.

[219] 杨玲, 徐舒婷. 生产性服务贸易进口技术复杂度与经济增长 [J]. 国际贸易问题, 2015 (2): 103-112.

[220] 杨仁发, 刘勤玮. 生产性服务投入与制造业全球价值链地位: 影响机制与实证检验 [J]. 世界经济研究, 2019 (4): 71-82.

[221] 姚星, 黎耕. 服务贸易自由化与经济增长的关系研究——基于吸收能力角度的实证分析 [J]. 国际贸易问题, 2010 (7): 68-74.

[222] 姚洋, 张晔. 中国出口品国内技术含量升级的动态研究——来自全国及江苏省、广东省的证据 [J]. 中国社会科学, 2008 (2): 67-82.

[223] 姚战琪. 中国服务业开放度测算及其国际竞争力分析 [J]. 国际贸易, 2018 (9): 48-54.

［224］易靖韬，蒙双．多产品出口企业、生产率与产品范围研究［J］．管理世界，2017（5）：41-50.

［225］余淼杰，张睿．中国制造业出口质量的准确衡量：挑战与解决方法［J］．经济学（季刊），2017，16（2）：463-484.

［226］余淼杰．加工贸易、企业生产率和关税减免——来自中国产品面的证据［J］．经济学（季刊），2011，10（4）：1251-1280.

［227］余骁，郭志芳．服务业开放如何提升企业全球生产链地位——基于中国微观企业的实证研究［J］．国际贸易问题，2020（4）：105-120.

［228］占丽，戴翔．服务业开放与企业出口国内增加值率悖论及其解释［J］．经济与管理研究，2021，42（6）：43-64.

［229］张洪胜，潘钢健．跨境电子商务与双边贸易成本：基于跨境电商政策的经验研究［J］．经济研究，2021，56（9）：141-157.

［230］张杰，陈志远，刘元春．中国出口国内附加值的测算与变化机制［J］．经济研究，2013，48（10）：124-137.

［231］张杰，郑文平，翟福昕．中国出口产品质量得到提升了么？［J］．经济研究，2014，49（10）：46-59.

［232］张丽，廖赛男，刘玉海．服务业对外开放与中国制造业全球价值链升级［J］．国际贸易问题，2021（4）：127-142.

［233］张丽，廖赛男．地方产业集群与企业出口国内附加值［J］．经济学动态，2021（4）：88-106.

［234］张明志，季克佳．人民币汇率变动对中国制造业企业出口产品质量的影响［J］．中国工业经济，2018（1）：5-23.

［235］张艳，唐宜红，周默涵．服务贸易自由化是否提高了制造业企业生产效率［J］．世界经济，2013，36（11）：51-71.

［236］张营营，白东北，高煜．技术市场发展如何影响企业出口国内附加值率——来自中国的经验证据［J］．国际经贸探索，2020，36（6）：25-41.

［237］赵玲，高翔，黄建忠．成本加成与企业出口国内附加值的决定：来自中国企业层面数据的经验研究［J］．国际贸易问题，2018（11）：

17-30.

　　［238］周茂，李雨浓，姚星等．人力资本扩张与中国城市制造业出口升级：来自高校扩招的证据［J］.管理世界，2019，35（5）：64-77.

　　［239］周念利．中国服务业改革对制造业微观生产效率的影响测度及异质性考察——基于服务中间投入的视角［J］.金融研究，2014（9）：84-98.

　　［240］周霄雪．服务业外资自由化与中国制造业企业出口绩效——基于上下游投入产出关系的分析［J］.产业经济研究，2017（6）：52-64.